<u>ACCESO GRATIS</u> *a la Lectura en la Nube*

Para visualizar el libro electrónico en la nube de lectura envíe junto a su nombre y apellidos una fotografía del código de barras situado en la contraportada del libro y otra del ticket de compra a la dirección:

AF599835

ebooktirant@tirant.com

En un máximo de 72 horas laborales le enviaremos el código de acceso con sus instrucciones.

RECONOCIMIENTO Y EJECUCIÓN DE ACUERDOS DE ARBITRAJE A LA LUZ DE LA CONVENCIÓN DE NUEVA YORK

Procedimiento de selección de originales, ver página web:
www.tirant.net/index.php/editorial/procedimiento-de-seleccion-de-originales

RECONOCIMIENTO Y EJECUCIÓN DE ACUERDOS DE ARBITRAJE A LA LUZ DE LA CONVENCIÓN DE NUEVA YORK

J. Mauro González-Luna Mendoza
Leonardo Brown González

tirant lo blanch
Ciudad de México, 2025

Director:
Luis Manuel C. Méjan

© EDITA: TIRANT LO BLANCH
DISTRIBUYE: TIRANT LO BLANCH MÉXICO
Av. Tamaulipas 150, Oficina 502
Hipódromo, Cuauhtémoc, 06100 Ciudad de México
Telf: +52 1 55 65502317
infomex@tirant.com
www.tirant.com/mex/
www.tirant.es
ISBN: 978-84-1071-143-3
MAQUETA: Tink Factoría de Color

Si tiene alguna queja o sugerencia, envíenos un mail a: atencioncliente@tirant.com. En caso de no ser atendida su sugerencia, por favor, lea en www.tirant.net/index.php/empresa/politicas-de-empresa nuestro procedimiento de quejas.

Responsabilidad Social Corporativa: http://www.tirant.net/Docs/RSCTirant.pdf

A Dios, por darme la vida y la fe.
A la memoria de mis queridísimos padres, Mauro y Eloísa.
A mi amada esposa Elssie Federica, agradecido
por su generoso apoyo en la preparación del texto en inglés.
A mis queridos hijos, Fedi, Tere y Mauro.
A mis queridos nietos, Patricio, Sabina, Julia, Elena y Sara.
A mis queridos hermanos, Lis, Tere, Leti y Juan Antonio.
A la memoria de mis amigos, Agustín Sánchez Rodríguez y Michael E. Friedlander.
A la memoria de mi amigo y profesor en Harvard, Arthur Von Meheren.
A mi amigo Ricardo Chacón López Velarde,
por su apoyo en la elaboración de este libro.

J. Mauro González-Luna Mendoza

Este libro está dedicado con profundo agradecimiento a mi madre, Elsa González Franyutti,
quien siempre ha sido fuente de inspiración en mi carrera profesional.

Leonardo Brown González

Índice

Prólogo *13*

Introducción *17*

Capítulo I. El alcance del Artículo 2 de la Convención de Nueva York *21*

LEGISLACIONES QUE HAN IMPLEMENTADO EL ARTÍCULO 2° 25

LEY DE ARBITRAJE DE LOS ESTADOS UNIDOS DE AMÉRICA 26

LEY MODELO DE LA CNUDMI SOBRE ARBITRAJE COMERCIAL INTERNACIONAL 32

CÓDIGO DE COMERCIO MEXICANO 34

Capítulo II. Validez del convenio arbitral *37*

LA VALIDEZ FORMAL DEL CONVENIO ARBITRAL 44

LA CUESTIÓN DE LA *ARBITRABILIDAD* 51

"NULIDAD" DEL CONVENIO ARBITRAL (ARTÍCULO 2°, PÁRRAFO 3) .. 61

Capítulo III. Efectos del arbitraje en virtud del Artículo 2 de la Convención de Nueva York *73*

CONVENCIÓN SOBRE EL RECONOCIMIENTO Y LA EJECUCIÓN DE LAS SENTENCIAS ARBITRALES EXTRANJERAS (NUEVA YORK, 1958) 87

Index

Prologue *97*

Introduction *101*

Chapter I. Scope of Article 2 .... *105*

IMPLEMENTING LEGISLATION 109

UNITED STATES ARBITRATION ACT 110

UNCITRAL MODEL LAW ON INTERNATIONAL COMMERCIAL ARBITRATION 115

MEXICAN CODE OF COMMERCE 117

Chapter II. Validity of the Arbitration Agreement *119*

THE FORMAL VALIDITY OF THE ARBITRATION AGREEMENT 126

THE ARBITRABILITY ISSUE 132

"INVALIDITY" OF THE ARBITRATION AGREEMENT (ARTICLE 2, PARAGRAPH 3) 142

Chapter III. The Effects of Arbitration Under Article 2 of the New York Convention *153*

BIBLIOGRAFÍA SELECTA/SELECT BIBLIOGRAPHY 166

UNITED NATIONS CONVENTION ON THE RECOGNITION AND ENFORCEMENT OF FOREIGN ARBITRAL AWARDS (NEW YORK, 10 JUNE 1958) 169

Prólogo

Cuando se lee el artículo 1092 del Código de Comercio que dice *"Es juez competente aquel a quien los litigantes se hubieren sometido expresa o tácitamente"*, se descubre un principio fundamental para el Derecho: la libertad de decidir, al menos en materia mercantil, quién es la autoridad competente que deberá regular la controversia que surja de un contrato. En materia civil los códigos de procedimientos civiles y el actual Código Nacional de Procedimientos Civiles y Familiares admiten que las partes designen donde deben ser requeridos de pago o dónde cumplir las obligaciones para establecer la competencia.

Este principio, prácticamente un derecho consubstancial al ser humano, es el que informa la posibilidad de que las partes en un contrato seleccionen la posibilidad de someter las controversias que surjan del mismo a un procedimiento arbitral. Este pacto, en México resulta válido y no es contradictorio a la prohibición de que haya tribunales especiales, ni al principio de legalidad ni se trata de justicia "privada", como lo demuestran Péreznieto y Graham.[1]

El pacto o cláusula arbitral es pues, la expresión prístina de ese derecho. Nadie se lo impone a las partes, son éstas, en el ejercicio de su libre albedrío contractual, quienes deciden el someter sus controversias a la decisión de un cuerpo arbitral.

Las legislaciones arbitrales que siguen los Estados, en adopción, o no, de la Ley Modelo de Arbitraje de la Comisión de las Naciones Unidas para el Derecho Mercantil Internacional[2] parten siempre de la base del reconocimiento de ese derecho.

No queda eso ahí sino que un tratado internacional, la Convención sobre el Reconocimiento y la Ejecución de las Sentencias Arbitrales Extranjeras (Nueva York, 1958) ("Convención de Nueva York") a la que se han adherido 172 Estados (México entre ellos), ha venido a sellar la univer-

---

1 Pereznieto, Leonel y Graham James. "*Tratado de Arbitraje Comercial Internacional mexicano*". LIMUSA. México, 2009, páginas 41 a 45.

2 UNCITRAL: https://uncitral.un.org/es/texts/arbitration/modellaw/commercial_arbitration chrome-extension://efaidnbmnnnibpcajpcglclefindmkaj/https://uncitral.un.org/sites/uncitral.un.org/files/media-documents/uncitral/es/07-87001_ebook.pdf

salidad del principio de reconocer el derecho de las partes otorgantes de un contrato en aceptar regir la interpretación del mismo y solventar las diferencias por medio de un arbitraje.

Justamente, González-Luna y Brown dedican esta monografía al análisis del artículo Segundo de la Convención de Nueva York que consagra el principio de que todo Estado respetará el que los otorgantes de un contrato hayan decidido realizar un pacto o cláusula arbitral, de modo que los tribunales de un Estado signante deberán rechazar el conocer una controversia derivada de un contrato en el que la cláusula arbitral exista pactada: "*La importancia del reconocimiento del acuerdo de arbitraje radica precisamente en la idea de que los tribunales de los Estados contratantes deben respetar la función de los árbitros remitiendo a las partes al arbitraje. Los tribunales de los Estados contratantes, al aplicar acuerdos de arbitraje válidos, reconocen en realidad la libertad de las partes*" dicen en el Capítulo II.

Evidentemente el derecho y esta obligación de los Estados narradas en el artículo II de la convención deben ser leídos y entendidos a la luz del objetivo principal de la convención que se pacta en el artículo I que dispone que la Convención "*se aplicará al reconocimiento y la ejecución de las sentencias arbitrales dictadas en el territorio de un Estado distinto de aquel en que se pide el reconocimiento y la ejecución de dichas sentencias, y que tengan su origen en diferencias entre personas naturales o jurídicas*"

La posibilidad de reconocer y ejecutar los laudos arbitrales de otra jurisdicción no sería posible si no se ha reconocido el inalienable derecho a decidir someter las controversias a un proceso arbitral.

Los autores narran algunas de las discusiones habidas en el seno de la comisión redactora de la Convención y, además, exponen cómo algunas jurisdicciones han venido adoptando en sus legislaciones internas sobre arbitraje los principios y normas de la Convención. Recuérdese que en México los textos de los tratados internacionales no pueden ser contradichos por las legislaciones comunes.

El núcleo de interés de esta monografía es la narración y descripción de una gran cantidad de casos reales en donde ha habido controversia sobre la manera de entender la aplicación del artículo segundo de la Convención de Nueva York.

Temas como separar la interpretación y desenvolvimiento jurídico de la cláusula o pacto arbitral del resto del contrato donde se origina, o bien, el de la "arbitrabilidad" de las cuestiones llevadas al arbitraje, hacen de la lectura del trabajo un verdadero deleite de exégesis, pragmática fundamentalmente, aunque no exenta de matices doctrinales.

Leonardo Brown es un abogado egresado de la Universidad Panamericana en donde además ejerce la cátedra. Su desempeño profesional lo ha desarrollado en los campos de la práctica del Derecho Penal, lo mismo que en el estudio y enseñanza de Historia del Derecho.

Tengo el honor de haber sido profesor de Mauro González-Luna desde sus años de educación secundaria y bachillerato, de conocer a su familia en la que han surgido ilustres juristas que además se han destacado por un acendrado amor a México. El tiempo nos llevó, algún tiempo a trabajar para la misma institución. Con una maestría de Harvard University ha incursionado no solamente en el terreno del Derecho sino además en la política pues ha desempeñado diversos cargos públicos, por designación o por elección, así como ha ejercido la cátedra en diversos centros de educación superior.

Esta es pues una obra, pequeña en tamaño, pero grande en su contenido, de fácil lectura, que invitará a quienes forman el foro de la materia arbitral a leerla, estudiarla y quizá controvertirla, ese es el espíritu que busca la Colección Mercantil de Tirant Lo Blanch, nuestra casa editorial.

Luis Manuel C. Méjan
Ciudad de México
2024

Introducción

La Convención sobre el Reconocimiento y la Ejecución de las Sentencias Arbitrales Extranjeras de las Naciones Unidas, comúnmente conocida como la Convención de Nueva York, es uno de los instrumentos internacionales de mayor relevancia en el ámbito del comercio internacional.

Tal como su título lo implica, esta Convención se ocupa de la regulación del reconocimiento y la ejecución tanto de laudos arbitrales extranjeros como de acuerdos arbitrales celebrados dentro de Estados contratantes. Este instrumento internacional fue adoptado como un medio para proporcionar herramientas ante las crecientes necesidades de la comunidad internacional de negocios, así como para facilitar sus negociaciones internacionales y comercio. Todas las etapas del procedimiento arbitral se encuentran reguladas por este instrumento, desde el reconocimiento del acuerdo arbitral, el desarrollo del procedimiento en sí, así como el reconocimiento de los laudos arbitrales emitidos por los tribunales en cuestión.[1]

El objetivo de la Convención de Nueva York fue mejorar el andamiaje legal ofrecido por el Protocolo sobre Cláusulas Arbitrales de Ginebra de 1923, así como la Convención para la Ejecución de las Sentencias Arbitrales Extranjeras de Ginebra de 1927, comúnmente referidas como, respectivamente, el Protocolo de Ginebra y la Convención de Ginebra. La Cámara Internacional del Comercio buscó la optimización y modernización de estos instrumentos, de cara a satisfacer las necesidades económicas de una economía globalizada.

De entre las mejoras implementadas por la Convención de Nueva York, comparada con el Protocolo y la Convención de Ginebra, Gary B. Born señala lo siguiente:

> la Convención desplazó la carga de probar la validez de los laudos, de la parte ganadora a la perdidosa dentro de la relación arbitral y ordenó procesos de reconocimiento sumarios y expeditos; reconoció una sustancial autonomía de las partes con respecto a procedimientos arbitrales; prescribió reglas para la elección de la ley aplicable a los acuerdos arbitrales y requirió su acatamiento específico; por último, eliminó los requisitos del *doble exequatur* (que implicaban que los laudos debían ser confirmados por la sede del arbitraje

---

1 Véase Gary B. Born, "The New York Convention: a Self-Executing Treaty", Michigan Journal of International Law, Vol. 40 (2018), 117.

antes de poder ser reconocidos en una jurisdicción extranjera, dentro de la cual se pretendiera ejecutarlos).[2]

Uno de los objetivos primordiales de la Convención es el establecimiento de reglas uniformes que normen el proceso internacional de arbitraje.[3] Otro propósito de la Convención implica la adopción de actitudes en favor del arbitraje internacional por parte de los tribunales de los Estados. Todo esto, como resultado, ha producido un aumento muy importante en la resolución de disputas de comercio internacional por medio del arbitraje, lo cual, a su vez, permite el desarrollo de un sistema legal a nivel global en el que el intercambio comercial y la inversión se facilitan significativamente.

En general, el cumplimiento de estos objetivos por la Convención de Nueva York ha sido considerado como "un gran éxito",[4] como consecuencia de la promoción de un exitoso y eficaz mecanismo alternativo para la solución de controversias.

El arbitraje es un método heterocompositivo de solución de controversias por medio del cual, un tercero independiente e imparcial, designado por las mismas partes dentro de una relación, resuelve la controversia respectiva en un veredicto al cual las partes acuerdan someterse. Su ventaja principal se encuentra en la posibilidad de evitar acudir a procedimientos ante las autoridades jurisdiccionales tradicionales, según se destaca acertadamente en un texto de 2015 del Instituto de Investigaciones Jurídicas de la Universidad Nacional Autónoma de México, acerca del promisorio derrotero y auge del arbitraje comercial internacional. Cuando hablamos de arbitraje comercial internacional, lógicamente, nos referimos a actos de comercio de particulares.

Como puede observarse, el arbitraje opera como un método convencional a través del cual las partes someten, mediante un acuerdo expreso, una disputa sobre derechos renunciables (patrimoniales) a otro particular: un árbitro individual o un tribunal arbitral. El carácter vinculante del laudo arbitral deriva entonces del consentimiento. La controversia es resuelta por un tercero ajeno a ella, en la misma lógica en la que una corte ordinaria resolvería un litigio, con la salvedad de que la determinación del árbitro o del tribunal arbitral es establecida habitualmente como inapelable.

---

2 *Id.*, p. 126.

3 *Id.*, at p. 117-118.

4 Véase la Resolución del 20 de mayo de 2010 por la Suprema Corte de Canadá (2010) Yugraneft Corp. v. Rexx Management Corp., 2010 SCC 19, [2010] 1 S.C.R. 649.

El arbitraje comercial internacional es usualmente preferido como método para la solución de controversias gracias a su celeridad; a su costo menor en algunas ocasiones, comparado con los recursos necesitados para la obtención de justicia mediante los variados procedimientos ante los tribunales estatales; a su especialización en materia comercial conforme a las necesidades de las partes; a su confidencialidad como procedimiento privado; a su flexibilidad procesal, aunque en la actualidad se enfrenta a su creciente "judicialización" con excesivas formalidades, así como a la compleja regulación del tratamiento de datos personales y a la competencia de los tribunales comerciales internacionales, entre otros retos; y a su composición amistosa que generalmente evita que las relaciones mercantiles se vean socavadas, al ser presumida la buena fe en todo momento.[5]

En general, los comerciantes se benefician de cara a su práctica mercantil. El desarrollo de una *lex mercatoria,* desprendida de legislaciones nacionales facilita el intercambio trasnacional, todo dentro de una lógica dinámica y progresiva. El comercio global se potencia mediante la celebración de acuerdos multilaterales entre países y particulares, enfocados en el fomento del comercio libre en regiones geográficas unificadas.

El problema que surge de la utilización del arbitraje internacional se encuentra en el reconocimiento y la ejecución de los laudos arbitrales por parte de los tribunales nacionales, al carecer los árbitros de *imperium,* de facultades coercitivas necesarias para lograr estos propósitos. En este sentido, la Convención de Nueva York se encarga de lidiar con los obstáculos que surgen de esta delicada cuestión.

A lo largo del libro nos hemos permitido citar a autores y precedentes que consideramos "clásicos" porque han contribuido significativamente a la historia, desarrollo y éxito del arbitraje comercial internacional a raíz de la adquirida relevancia de la Convención, así como a autores y casos que, con el paso de los años, han enriquecido y madurado el tratamiento y práctica de tan importante materia.

---

5 Véase Olman Arguedas Salazar, "El arbitraje", Instituto de Investigaciones Jurídicas, Universidad Nacional Autónoma de México, (2016), p. 863-865. Véase también George A. Bermann, Columbia Law School, "El Futuro del Arbitraje Comercial Internacional", 2021, Cambridge University Press, https://scholarship.law.columbia.edu/cgi/viewcontent.cgi?article=4316&context=faculty_scholarship

Capítulo I

El alcance del Artículo 2 de la Convención de Nueva York

El propósito de este texto es analizar algunas de las principales problemáticas que surgen de la lectura del artículo 2° de la Convención sobre el Reconocimiento y la Ejecución de las Sentencias Arbitrales Extranjeras.[6] Este precepto normativo representa una parte fundamental de la Convención, al establecer las reglas para la validez formal y substantiva de los acuerdos arbitrales.

El Artículo 2° de la Convención de Nueva York regula el reconocimiento y la ejecución de los acuerdos arbitrales. Establece textualmente lo siguiente:

> 1. Cada uno de los Estados Contratantes reconocerá el acuerdo por escrito conforme al cual las partes se obliguen a someter a arbitraje todas las diferencias o ciertas diferencias que hayan surgido o puedan surgir entre ellas respecto a una determinada relación jurídica, contractual o no contractual, concerniente a un asunto que pueda ser resuelto por arbitraje.
> 2. La expresión "acuerdo por escrito" denotará una cláusula compromisoria incluída en un contrato o un compromiso, firmados por las partes o contenidos en un canje de cartas o telegramas.
> 3. El tribunal de uno de los Estados Contratantes al que se someta un litigio respecto del cual las partes hayan concluido un acuerdo en el sentido del presente artículo, remitirá a las partes al arbitraje, a instancia de una de ellas, a menos que compruebe que dicho acuerdo es nulo, ineficaz o inaplicable.

El borrador original de esta Convención no contenía un artículo que regulara el reconocimiento y la ejecución de acuerdos arbitrales, como el actual artículo 2°. Suecia, en la Conferencia sobre Arbitraje Comercial Internacional de las Naciones Unidas,[7] introdujo un precepto relativo al reconocimiento de los acuerdos arbitrales.[8] Al inicio, hubo oposición a la implementación de esta propuesta, pero finalmente la Conferencia fue persuadida por el representante del Reino Unido en adoptarla, bajo el razonamiento de que una Convención sobre laudos que no regulara el reconocimiento y la ejecución de los mismos, sería "fácilmente nulificada".[9]

---

6 U.N. Doc. No. E/CONF. 26/9 Rev. 1, del 10 de junio, 1958. 330 U.N.T.S. 38 (en lo sucesivo, referida como la Convención de Nueva York).

7 Conferencia que tuvo lugar en Nueva York, del 20 de mayo al 10 de junio de 1958.

8 E/CONF. 26/L. 8.

9 Haight, "Convención sobre el Reconocimiento y la Ejecución de Laudos Extranjeros" (1958) (en lo sucesivo referido como Haight).

Fue entonces cuando se decidió que un protocolo separado, como el Protocolo sobre Cláusulas Arbitrales de Ginebra de 1923,[10] regularía la ejecución de los laudos arbitrales extranjeros. No obstante ello, en el último día de la Conferencia, el artículo 2° fue insertado en el texto de la Convención.

La importancia de este crucial precepto (el artículo 2°) fue expresada por un juez inglés de la siguiente manera:

> Es una condición preliminar indispensable para el reconocimiento y la ejecución de los laudos arbitrales que los acuerdos capaces de resultar en laudos deban *ser primero reconocidos y ejecutados*.[11]

El artículo 2° de la Convención de Nueva York no menciona los tipos de acuerdos arbitrales que los Estados se encuentran obligados a reconocer y ejecutar. No existen criterios que definan el alcance de este artículo. Este precepto no contempla ni un criterio territorial ni uno "no-doméstico".

En el desarrollo de las negociaciones de la Conferencia, el delegado alemán insistió repetidamente en la idea de que los acuerdos arbitrales regulados por el artículo 2° de la Convención de Nueva York debiesen ser aquellos con los cuales se pudiera obtener un laudo ejecutable, en términos del artículo 1° y 3° de la Convención. En otras palabras, el representante alemán argumentó que la cláusula arbitral debía estar relacionada con el laudo arbitral capaz de ser ejecutado en términos de la Convención de Nueva York. A pesar de las sugerencias del representante alemán, la Conferencia redactó el artículo 2° de la Convención sin ningún tipo de referencia al laudo arbitral.

El lenguaje utilizado en el artículo 2° parece llevarnos a la conclusión de que todo tipo de acuerdo arbitral se encuentra regulado por el texto de la Convención. Esta idea ha sido sostenida por Leonard V. Quigley, quien señala en un artículo publicado en el "Yale Law Journal", cómo en la Convención de Nueva York, el contexto de su artículo 2° "es tal que permita igualmente extender el tratado (la Convención de Nueva York) a la regulación de contratos puramente domésticos".[12]

---

10 Sept. 24, 1923, 27 L.N.T.S. 158 U.K.T.S. No. 4; 2 Hudson, International Legislation 1062-65.

11 *The Mauritus Sugar Syndicate; Tate & Lyel Refineries Ltd.; Emcar Ltd.; Adam & Co. Ltd. v. Black Lion Shipping Co. S.A.; London Steamship Owners' Mutual Insurance Association* (1978) 1 Lloyd's Law Reports pp. 545-563 (en lo sucesivo referido como el caso *Rena K*).

12 Véase Quigley, "Accession by the United Sates to the United Nations Convention on the Recognition and Enforcement of Foreign Arbitral Awards", 70 the Yale Law

No obstante, una interpretación de esta naturaleza no es acorde al espíritu de la Convención de Nueva York. El objetivo de la Convención es el reconocimiento de laudos arbitrales extranjeros. La meta de este tratado no es también el reconocimiento y la ejecución de laudos arbitrales domésticos por parte de los Estados contratantes, sino el obligarles a reconocer y ejecutar laudos *extranjeros.*

Una interpretación congruente del artículo 2° nos obliga a entender este precepto en el contexto de la Convención. Por lo tanto, el artículo 2° debe ser leído a la luz del artículo 1° de la Convención de Nueva York.

El artículo 1° de la misma define los tipos de laudos que se encuentran regulados por la Convención de Nueva York. Señala que la Convención "se aplicará al reconocimiento y la ejecución de las sentencias arbitrales dictadas en el territorio de un Estado distinto de aquel en que se pide el reconocimiento y la ejecución de dichas sentencias.... Se aplicará también a las sentencias arbitrales que no sean consideradas como sentencias nacionales en el Estado en el que se pide su reconocimiento y ejecución".

Por tanto, el artículo 1° establece los criterios que determinan el alcance general de la Convención. Los criterios incorporados en este artículo son: el principio territorial y la definición "nacional-extranjero" del derecho civil. Es relevante destacar que, de acuerdo con el lenguaje y la historia de este precepto, el criterio del derecho civil no implica una limitación a la delimitación territorial.[13] De ahí que si un laudo es emitido en un territorio distinto al del Estado en el que se busca el reconocimiento, tal Estado se encuentra obligado a reconocerlo incluso si dentro de su propia legislación el laudo se pueda considerar como doméstico.

La definición de estos criterios fue una de las cuestiones más discutidas dentro de la Conferencia. El Comité Ad Hoc fue establecido por el Conse-

---

Journal (1961), 1049. Véase también Paolo Contini, "International Commercial Arbitration" 7 Am. J. Comp. L. 283, 1959. Este autor mantiene el mismo criterio (p. 296).

13 Véase Quigley, *supra* nota 12 en la p. 1061. Pero también véase Peter S. Smedresman, "Conflicts of Laws in International Commercial Arbitration": A Survey of Recent Developments. 7 Cal. West International Law Journal 263, p. 314. Véase también Dorothee Schramm, Elliot Geisinger & Philippe Pinsolle, "Article II" in Herbert Kronke et al, eds, Recognition and Enforcement of Foreign Arbitral Awards (The Hague: Kluwer Law International, 2010) 37 en 41; Reinmar Wolff, "Article II" in Reinmar Wolff, ed, New York Convention: Commentary (Oxford: Hart, 2012) 100.

jo Económico y Social de las Naciones Unidas para preparar un borrador de la convención sobre el reconocimiento de laudos extranjeros, mediante la resolución 520 (XVII) de las Naciones Unidas, en abril de 1954. Al redactar dicha Convención, el Comité eligió únicamente el criterio territorial para definir su alcance.

Los delegados de Italia, Alemania y de otros países como Francia y Turquía, indicaron que tal criterio era inadecuado para determinar si un laudo arbitral debía ser considerado como doméstico o como extranjero. Estos países señalaron que existían otros criterios, como la nacionalidad de las partes, la ley que gobierna los procedimientos arbitrales, entre otros, los cuales debieron haber sido contemplados por el Comité para determinar la nacionalidad del laudo.

Estos países solicitaron que el criterio territorial fuera sustituido por la definición "nacional-extranjero" utilizada en los países de tradición de derecho civil. En otras palabras, que la Convención sería únicamente aplicable a aquellos laudos que no se consideraran como domésticos en el territorio del Estado en el cual se buscara el reconocimiento.

La solución a esta problemática se delegó en un grupo de trabajo conformado por diez países.[14] Este grupo trató de reconciliar estos dos criterios confrontados al incluir ambos en la Convención y al permitir a los Estados excluir ciertos tipos de laudos obtenidos en el extranjero, pero considerados como domésticos en el territorio del Estado en el cual se buscara el reconocimiento a la luz de la Convención.

No obstante, la posibilidad de ciertas exclusiones no fue aceptada en la Conferencia. Por lo tanto, el lenguaje y el contexto histórico del artículo nos llevan a la conclusión de que el segundo criterio establecido en el artículo 1°, párrafo 1, de la Convención de Nueva York, no constituye una restricción a la delimitación territorial. Así, la intención de imponer restricciones a la delimitación territorial por parte de los países de tradición del derecho civil no fue lograda.

En este tenor, los Estados signatarios están obligados a tomar en consideración estos dos criterios al momento de determinar el alcance del artículo 2° de la Convención de Nueva York. En suma, el artículo 2° debe ser leído a la luz del espíritu de la Convención.[15] A continuación, se clarificará

---

14 Francia, Colombia, Checoslovaquia, Alemania, India, Israel, Italia, Turquía, la Unión Soviética e Inglaterra.

15 Compárese el Protocolo de Ginebra de 1923 con la Convención de Nueva York, *supra* nota 10. El Protocolo de Ginebra de 1923 sobre los acuerdos arbitrales busca

la cuestión del alcance del artículo 2°, citando algunos casos de legislaciones que lo han implementado.

LEGISLACIONES QUE HAN IMPLEMENTADO EL ARTÍCULO 2°

Tal como se dijo anteriormente, el artículo 2° de la Convención de Nueva York no especifica los tipos de acuerdos arbitrales a los cuales aplica la Convención. Existen tres criterios fundamentales que pueden ser aplicados por los Estados signatarios al momento de delimitar el alcance del artículo 2°:

1) Cuando el acuerdo arbitral estipule el arbitraje en el extranjero. En la ausencia de este criterio territorial,[16]
2) Cuando una de las partes del acuerdo arbitral no es nacional o residente del país en el que se busca el reconocimiento del acuerdo arbitral.[17]
3) Cuando el acuerdo arbitral involucre una relación comercial con puntos de conexión internacionales de carácter substancial.

El artículo 1°, párrafo 1, de la Convención de Nueva York es el fundamento para los tres criterios más usados ya sea por los Estados signatarios

---

resolver el problema de la nacionalidad del acuerdo estableciendo que se aplica a acuerdos arbitrales entre partes "que estén respectivamente sujetas a la jurisdicción de diferentes Estados signatarios" (artículo 1°). Este criterio ha sido criticado con el argumento de que la expresión "sujetas a la jurisdicción de..." es ambigua e incierta. Véase Quigley *supra* nota 12 en la p. 1055 y Contini, *supra* nota 12 en la p. 289.

16 Véase la resolución del 27 de febrero de 1970, n° 470. Corte di Cassazioni (Sez. Un.) Italia (1976) 1 Y.B. Comm. Arb. (Consejo Internacional para el Arbitraje Comercial). También la resolución del 10 de noviembre de 1973, N° 2969. Corte di Cassazioni (Sez. Un.) Italia (1976) 1 Y.B. Comm. Arb. (Consejo Internacional para el Arbitraje Comercial). También la resolución del 22 de marzo de 1976, Tribunale di Milano, Italia (1976) 1 Y.B. Comm. Arb. (Consejo Internacional para el Arbitraje Comercial). Véase también P. Sanders, Comentarios a los Vols. III & IV del Anuario de Arbitraje Comercial (1979) 4 Y.B Comm. Arb, p. 237-238.

17 Véase la resolución del 17 de noviembre de 1971. Oberster Gerichtshof, Austria (1976) 1 Y.B. Comm. Arb. (Consejo Internacional para el Arbitraje Comercial). Antico Shipping Co. Ltd. v. Sidermar S.P.A. 417 F. Supp. 207 (S.D.N.Y.) 1976. Koch Shipping Inc. v. Associated Bulk Carriers, Corte de Apelaciones, julio 20-21, 1977 (1978) 1 Lloyd's Law Reports 24. Véase también Sanders *supra* nota 16, p. 238.

al momento de integrar a sus legislaciones el artículo 2° de la Convención, o por los tribunales nacionales, al momento de aplicarlo.

El primer criterio es una aplicación analógica de la primera parte del artículo 1°, párrafo 1, que establece que la Convención "se aplicará al reconocimiento y la ejecución de las sentencias arbitrales dictadas en el territorio de un Estado distinto de aquel en que se pide el reconocimiento y la ejecución de dichas sentencias..."[18] Los otros dos criterios son una aplicación de la última parte del artículo 1°, párrafo 1, la cual señala que la Convención "se aplicará también a las sentencias arbitrales que no sean consideradas como sentencias nacionales en el Estado en el que se pide su reconocimiento y ejecución".[19] Los últimos dos criterios reposan en la distinción "extranjero-nacional" del derecho civil.

En suma, los Estados signatarios deben reconocer y ejecutar los acuerdos arbitrales cuando tales acuerdos establezcan el arbitraje en un país extranjero (criterio territorial), y cuando los Estados consideran tales acuerdos como no domésticos, de acuerdo con su propia legislación (criterio civil: extranjero-nacional).

A continuación, se exponen casos de legislaciones que han implementado el artículo 2° de la Convención de Nueva York, junto con la Ley Modelo de la Comisión de las Naciones Unidas para el Derecho Mercantil Internacional (CNUDMI/UNCITRAL) sobre Arbitraje Comercial Internacional.

LEY DE ARBITRAJE DE LOS ESTADOS UNIDOS DE AMÉRICA[20]

La Convención de Nueva York ha sido considerada como autoejecutable dentro de los Estados Unidos de América, especialmente para los artículos 2°, 3°, 4°, 5° y 6°, lo cual permite teóricamente una completa aplicabilidad de su texto, considerado como "directamente aplicable por tribu-

---

18 U.N. Doc No. E/CONF 26/9/Rev. 1, 330 U.N.T.S. 38. Se trata de una aplicación analógica ya que en el caso de las sentencias (artículo 1°), los Estados tienen la obligación de reconocerlas cuando ellas se emiten en el territorio de un país extranjero. Así, en el caso de los acuerdos de arbitraje, los Estados deben reconocerlos cuando tales acuerdos prevén un arbitraje en territorio extranjero.

19 *Ibid.*

20 Título 9, U.S. Code §§ 1-14, promulgado el 12 de febrero de 1925 (43 Stat. 883), codificado el 30 de julio de 1947 (61 Stat. 669), y reformado el 3 de septiembre de 1954 (68 Stat. 1233). El capítulo 2 fue añadido el 31 de julio de 1970 (84 Stat. 692), Ley de Arbitraje de los Estados Unidos de América S2, 9 U.S.C. S2 (1970).

nales americanos sin la necesidad de la implementación de una legislación nacional".[21] La promulgación posterior del capítulo 2 de la Ley de Arbitraje de los Estados Unidos no sugiere un criterio de no-autoejecutabilidad, de acuerdo a lo propuesto por Gary B. Born, antes citado.

En la realidad, la legislación referida fue adoptada para la adecuada implementación de la Convención. La Ley de Arbitraje de los Estados Unidos de América se ocupa principalmente de normas accesorias, como las cuestiones procedimentales que "inevitablemente surjan y deben ser resueltas de cara a permitir una eficaz ejecución de los términos sustantivos de la Convención".[22]

El capítulo 2 de esta Ley recoge la materia prevista en la Convención de Nueva York. La compleja sección 202[23] del mismo establece los supuestos en los cuales un acuerdo arbitral queda contemplado dentro de la regulación de la Convención.

La sección 202[24] señala lo siguiente:

> Un acuerdo de arbitraje o un laudo arbitral que surja de una relación jurídica, contractual o no, que se considere comercial, incluyendo una transacción, contrato o acuerdo descrito en la sección 2 de este título, queda sujeto a la Convención. Se considerará que un acuerdo o laudo arbitral que surja de una relación de este tipo que sea íntegramente entre ciudadanos de los Estados Unidos no entra dentro del ámbito de aplicación de la Convención, a menos que dicha relación jurídica-comercial incluya bienes situados en el extranjero, prevea el cumplimiento o la ejecución en el extranjero, o tenga alguna otra relación razonable con uno o más Estados extranjeros. Para los efectos de esta sección, una sociedad es ciudadana de los Estados Unidos si está constituida o tiene su centro de actividad principal en los Estados Unidos.

La sección 202 de la Ley de Arbitraje no define el concepto de un acuerdo de arbitraje extranjero ni explícitamente el de un acuerdo de arbitraje local. Parece ser que la Convención cubre todos los acuerdos de arbitraje excepto aquellos celebrados entre dos partes que sean ciudadanos de los Estados Unidos de América.

La excepción señalada en el párrafo anterior es aplicable a menos que la relación jurídica-comercial misma de la cual surge el acuerdo de arbitraje, involucre propiedades localizadas al exterior del territorio estadounidense

---

21 Born, *supra* nota 1, p. 145-161.

22 *Id.*

23 9 U.S.C. sección 202 (1970).

24 9 U.S.C. sección 202 (1970).

o tenga contactos sustanciales con uno o más Estados extranjeros. En otras palabras, los acuerdos de arbitraje celebrados por ciudadanos americanos caen bajo el marco de la Convención cuando las relaciones jurídico-comerciales de las que surgen dichos acuerdos arbitrales involucren transacciones internacionales. Esto significa que la legislación de los Estados Unidos de América contempla la limitación del criterio territorial previsto en el artículo 1°, párrafo 1, de la Convención. Nos parece que esta limitación no es acorde al espíritu de la Convención de Nueva York. En nuestra opinión, los criterios utilizados por Estados signatarios al momento de delimitar el alcance del artículo 2° deben establecerse a la luz del artículo 1°, párrafo 1, de la Convención. Este precepto de la Convención incorpora el criterio territorial sin ninguna referencia a la nacionalidad de las partes.[25]

En este sentido, es interesante advertir que bajo una legislación italiana previa,[26] un acuerdo que refiriera al arbitraje controversias entre ciudadanos italianos fuera de la jurisdicción italiana era inválido. No obstante, las cortes italianas resolvieron que la Convención de Nueva York, como *ius supervenieus* derogaba esta previsión. En el caso *Total Soc. Itpa* v. *Archille Lauro,*[27] las partes de un acuerdo de fletamento eran ciudadanos italianos. El contrato contenía una clausula arbitral que ordenaba la sustanciación del arbitraje en la ciudad de Londres. Lauro demandó bajo la jurisdicción de un tribunal italiano, mientras que Total atacó la jurisdicción de este órgano argumentando la existencia de una cláusula arbitral que era válida. El tribunal resolvió que la Convención de Nueva York había derogado las disposiciones del Código de Procedimientos Civiles italiano, el cual prohibía en su momento la resolución de conflictos entre italianos por parte de un tribunal arbitral extranjero.

El tribunal también resolvió que la Convención no requiere una diversidad de nacionalidad de las partes del acuerdo cuando éste prevé el arbitraje *fuera* del territorio italiano; lo que significa, en otras palabras, que el tribunal afirmó el criterio territorial incorporado por la Convención en el

---

25 Véase Smedresman, *supra* nota 13, p. 316.

26 Véase Giuseppe Mirabelli, "Application of the New York Convention by the Italian courts". 1979 Y.B. Comm. Arb. (Consejo Internacional para el Arbitraje Comercial), p. 362. Véase también "International Arbitration in Italy: 2022 Amendments", Aceris Law, (2023), https://www.acerislaw.com/international-arbitration-in-italy-2022-amendments/.

27 Sentencia del 25 de enero de 1977. Corte di Cassazioni (Sez. Un.) Italia (1979) 4 Y.B. Comm. Arb. (International Council for Commercial Arbitration).

artículo 1.[28] En resumen, el tribunal italiano interpretó el artículo 2° de la Convención de Nueva York a la luz del artículo 1°, párrafo 1, de la misma Convención. El tribunal aplicó el criterio territorial sin tener en cuenta el concepto de nacionalidad de las partes del acuerdo. De hecho, este caso respalda la idea de que los Estados contratantes, a la hora de limitar el ámbito de aplicación del artículo 2°, deben tomar en consideración el espíritu de la Convención.

Volvamos ahora a la sección 202 de la Ley de Arbitraje estadounidense. El caso *Fuller Co.* v. *Compagnie des Bauxites de Guinée*[29] fue el primero en dar a esta sección lo que se conoció como una "lectura reflexiva".[30]

En 1970, Fuller y la *Compagnie des Bauxites de Guinée* —una compañía incorporada en los Estados Unidos— celebraron un contrato, dentro del cual Fuller se comprometía a construir y equipar una planta en Guinea en favor de la demandada. Un ingeniero consultor de la *Compagnie des Bauxites de Guinée* expidió un certificado provisional de recepción con algunas reservas relativas a algunos defectos de los equipos suministrados por Fuller.[31] El certificado de aceptación fue emitido de acuerdo con una de las cláusulas del contrato que exigía a la demandada su emisión como reconocimiento de la correcta ejecución del contrato por parte de Fuller.

En enero de 1975, se celebró una reunión entre las dos partes en la ciudad de Pittsburg, Pennsylvania, en los Estados Unidos de América. Fuller alegó que en dicha reunión llegaron a un acuerdo definitivo sobre todas las diferencias que habían surgido con motivo del contrato, haciendo inoperante la cláusula de arbitraje. Por su parte, la demandada alegó que en dicha reunión no se llegó a ningún acuerdo definitivo. En noviembre de 1975, la demandada presentó la solicitud para el inicio de un proceso arbitral, en virtud de un acuerdo de arbitraje incluido en el contrato subyacente. La cláusula de arbitraje preveía el arbitraje en Ginebra, Suiza; sin embargo, las partes acordaron que el arbitraje, en caso de ordenarse, tendría lugar en Pittsburgh. Fuller interpuso una demanda solicitando que se determinaran los efectos vinculantes del supuesto acuerdo final. La demandada entonces solicitó la suspensión del juicio.

---

28 Véase también sentencia del 13 de diciembre de 1971, n° 3620. Corte di Cassazioni (Sez. Un.) Italia (1976) 1 Y.B. Comm. Arb. (International Council for Commercial Arbitration).

29 421 F. Supp. 939 (W.D.Pa. 1976).

30 Smedresman, *supra* nota 13, p. 315.

31 421 F. Supp, p. 939.

A partir de estos hechos, el tribunal estadounidense tuvo que determinar por primera vez si la Convención de Nueva York era aplicable al caso, pues antes del mismo, ningún tribunal había resuelto antes esta cuestión.[32]

El tribunal indicó[33] que la Convención de Nueva York es aplicable si se cumple *alguna* de las cuatro condiciones siguientes:

1) el contrato subyacente se refiere a bienes situados en el extranjero;

2) el contrato[34] prevé el cumplimiento en el extranjero;

3) el contrato prevé la ejecución en el extranjero;

4) el contrato tiene otras conexiones razonables con uno o más Estados extranjeros.

El tribunal dictaminó que el contrato subyacente cumplía el requisito establecido en la sección 202, al preverse la ejecución del mismo en el extranjero.[35] Por tanto, el acuerdo de arbitraje se regía por la Convención.

---

32 *Id.*, p. 941.

33 *Id.*, p. 941.

34 El tribunal se refiere al contrato subyacente, no al acuerdo de arbitraje. Si la Ley de Arbitraje de EE.UU. dijera que la Convención sería aplicable a los acuerdos de arbitraje entre ciudadanos estadounidenses cuando dichos acuerdos previeran el arbitraje en el extranjero, entonces no habría ningún problema para decidir sobre la aplicabilidad de la Convención, ya que en el presente caso el acuerdo preveía el arbitraje en Ginebra. Como se ha dicho anteriormente, la sección 202 limita el criterio territorial establecida en el artículo 1 de la Convención, cuando dos ciudadanos americanos son las partes del acuerdo. Según tal Ley, se utiliza una definición "extranjero-doméstico" para determinar el ámbito de aplicación de la Convención en los casos en que intervienen ciudadanos estadounidenses. Puede argumentarse que la finalidad del artículo 202 en lo que respecta a la regla de los ciudadanos estadounidenses es evitar que las partes eludan el sistema jurídico de Estados Unidos. Sin embargo, pensamos que existen otros cauces a través de los cuales puede alcanzarse ese propósito, como el concepto de orden público o la arbitrabilidad.

35 El tribunal dijo también que:
Además del sustancial cumplimiento de este contrato en Guinea, otra serie de contactos en el extranjero sirven para crear una "relación razonable con uno o más Estados extranjeros":
(1) Según el acuerdo original, el arbitraje debía tener lugar en Ginebra, Suiza. Así pues, el acuerdo original preveía la ejecución en el extranjero, aunque las partes han acordado posteriormente el arbitraje en Pittsburgh, Pensilvania.
(2) La sección 2(s) del contrato nº 16 obliga a Fuller a entregar las piezas de recambio en Port Kamsar, Guinea (más prestaciones a realizarse en el extranjero).

El tribunal del presente caso, al decidir sobre el ámbito de aplicación de la Convención de Nueva York relativa a los acuerdos de arbitraje, aplicó, según la sección 202, el criterio civil "extranjero-nacional" desplazando el criterio territorial que determina que la Convención se aplica a los acuerdos de arbitraje que prevén el arbitraje en un Estado distinto de aquel en el que se solicita la ejecución.

Tras haber resuelto la cuestión del ámbito de aplicación del artículo 2 de la Convención de Nueva York, el tribunal pasó a resolver la cuestión de la validez del acuerdo de arbitraje. La cuestión de la validez se analizará en el próximo capítulo.

Por lo tanto, según la sección 202 de la Ley de Arbitraje de Estados Unidos, la Convención de Nueva York será aplicable, tanto si el acuerdo prevé el arbitraje fuera de Estados Unidos como si no, en el caso de que el acuerdo de arbitraje se dé entre:

1) un extranjero y un ciudadano estadounidense;

2) dos extranjeros;

3) Ciudadanos estadounidenses que participen en una transacción comercial que cumpla los requisitos analizados en el caso *Fuller*.[36]

---

(3) La sección 2(d)(ii) (1) del Contrato nº 16 exige que se conceda a Fuller pleno acceso y la oportunidad de recomendar modificaciones o ajustes de los equipos en Guinea tras el inicio de las relaciones laborales (más prestaciones a realizarse en el extranjero).
(4) La sección 2(d)(ii) (5) del Contrato nº 16 garantiza a Fuller pleno acceso y la oportunidad de recomendar mejoras de posibles defectos en cuanto al funcionamiento o fabricación, durante las pruebas de rendimiento del equipo en Guinea (más prestaciones a realizarse en el extranjero).
(5) En la medida en que Fuller tenía responsabilidades de montaje en Guinea, es discutible que el contrato se refiera a bienes en el extranjero. Pero a la luz de la ambigüedad del contrato a este respecto y del hecho de que Fuller envió la mercancía FOB Filadelfia, el tribunal concede poca importancia a este punto.
(6) Tractionel tiene su sede en Bruselas, Bélgica, y parece haber tenido importantes conexiones con todas las fases de este contrato, como atestigua su asistencia a la reunión del 28 de enero de 1975 en Pittsburgh, Pennsylvania. De acuerdo con el apartado 8.6.2 del Volumen I-Condiciones Generales, Fuller debía solicitar a Tractionel la emisión desde Bruselas, Bélgica, de los Certificados de Aceptación Provisional y Definitiva.
421 Fed. Supp. 938, p. 943.

36 Véase también: Fred Freudensprung contra Offshore Technical Services, Inc. y otros, Tribunal de Apelación, Quinto Circuito, Estados Unidos de América, 9 de agosto de 2004, 03-20226.

Recapitulando, la sección 202 que implementa la aplicación del artículo 2 de la Convención de Nueva York contiene una *norma* que limita el principio de territorialidad. Este principio se incorpora a la Convención de Nueva York como el criterio más importante para determinar el ámbito de aplicación de la Convención. En nuestra opinión, los Estados, al aplicar la Convención, deberían *evitar* establecer limitaciones o excepciones a este principio. Tal limitación puede frustrar en algunos casos el objetivo de la Convención que es el reconocimiento y ejecución de los laudos arbitrales extranjeros.

LEY MODELO DE LA CNUDMI SOBRE ARBITRAJE COMERCIAL INTERNACIONAL[37]

La Ley Modelo de la CNUDMI fue creada como ley marco, como referencia para legislaciones nacionales con diferentes tradiciones jurídicas, sociales y económicas, con la intención de contribuir al desarrollo de relaciones económicas internacionales armoniosas. Este documento fue elaborado en 1985, recibiendo pocas variaciones aparte de las enmiendas adoptadas en 2006.

Como declaró el Tribunal Supremo de Canadá en el asunto *Yugraneft Corp.* contra *Rexx Management Corp.:*

> la Ley Modelo fue elaborada en 1985 por la Comisión de las Naciones Unidas para el Derecho Mercantil Internacional (CNUDMI). A diferencia de la Convención de Nueva York, que es un tratado, la Ley Modelo no es un acuerdo internacional destinado a ser ratificado. Se trata más bien de una codificación de las "mejores prácticas" internacionales destinada a servir de ejemplo para la legislación nacional.[38]

La intención en la publicación de este documento por parte de la Comisión de las Naciones Unidas para el Derecho Mercantil Internacional, declarada de forma explícita, era establecer un marco jurídico unificado para la resolución de litigios en el contexto de las relaciones comerciales internacionales.

---

[37] Ley Modelo de la CNUDMI sobre Arbitraje Comercial Internacional, 1985 (con las enmiendas adoptadas en 2006), Comisión de las Naciones Unidas para el Derecho Mercantil Internacional, Naciones Unidas, 2008.

[38] Sentencia del 20 de mayo de 2010, Tribunal Supremo de Canadá, Canadá (2010) Yugraneft Corp. contra Rexx Management Corp., 2010 SCC 19, [2010] 1 S.C.R. 649.

El artículo 1 de la Ley Modelo de la CNUDMI define su propia aplicabilidad:

> (a) la presente Ley se aplica al arbitraje comercial internacional, con sujeción a cualquier acuerdo en vigor entre este Estado y cualquier otro u otros Estados.
> (b)...

Considerando un arbitraje como internacional si:

> (c) las partes en un acuerdo de arbitraje tienen, en el momento de la celebración de dicho acuerdo, sus establecimientos en Estados diferentes; o
> (d) uno de los siguientes lugares está situado fuera del Estado en el que las partes tienen sus establecimientos:
> a. el lugar del arbitraje se determina en el acuerdo de arbitraje o de conformidad con el mismo;
> b. cualquier lugar en el que deba cumplirse una parte sustancial de las obligaciones de la relación comercial o el lugar con el que el objeto del litigio esté más estrechamente relacionado; o
> (e) las partes han acordado expresamente que el objeto del acuerdo de arbitraje se refiere a más de un país.

Como puede observarse, el texto de la Ley Modelo recoge el criterio territorial para la definición de los acuerdos de arbitraje internacional. En palabras de Ramani Garimella, "el principio de territorialidad ha sido firmemente introducido en la Ley Modelo de la CNUDMI",[39] principalmente, como medio de garantizar la certidumbre en materia arbitral.

Según el principio territorial consagrado en este texto legal, las facultades de los tribunales de arbitraje derivan de una delegación del Estado que ordena la aplicación de la *lex fori.* Si existe un acuerdo o cláusula arbitral internacional entre dos partes, se considera que los tribunales actúan excepcionalmente, en el nombramiento, recusación y cese de los árbitros en su caso (artículos 11, 13 y 14), competencia del tribunal arbitral (artículo 16) y desestimación del laudo arbitral (artículo 34).[40] En este sentido, las partes tienen libertad para acordar el funcionamiento del arbitraje comercial internacional en función de sus necesidades y expectativas.

Muchos Estados miembros de la Convención de Nueva York han adoptado la Ley Modelo en su totalidad, mientras que algunos otros países la

---

39 Sai Ramani Garimella, "Territoriality Principle in International Commercial Arbitration - The Emerging Asian Practice", 11th Conferencia Anual del Asian Law Institute (ASLI) en Kuala Lumpur, Malasia, 29-30, 2014, 1.

40 *Ibid.*

han adoptado con ciertas modificaciones o reservas. Por ejemplo, en el caso de España, sus disposiciones legales sobre arbitraje, nacional e internacional, están recogidas en la Ley 60/2003, que sigue claramente la citada Ley Modelo de la CNUDMI, especialmente en lo relativo a los requisitos del convenio arbitral y las medidas cautelares. España firmó la Convención de Nueva York el 29 de abril de 1977, sin emitir reservas.

CÓDIGO DE COMERCIO MEXICANO[41]

La legislación mexicana regula el Arbitraje Comercial como un tipo especial de proceso mercantil. Las leyes aplicables a este mecanismo alternativo de solución de controversias se encuentran en el Código de Comercio, Título IV de la Sección V, el cual fue adicionado por una reforma introducida el 22 de julio de 1993. De acuerdo con Julio C. Treviño, hubiera sido conveniente crear una nueva ley, en la que se detallara explícitamente la incorporación de la Ley Modelo de la CNUDMI; sin embargo, no existe una consecuencia que devenga de la ubicación de esta disposición legal dentro del Código de Comercio.[42] El artículo 1416 establece las siguientes definiciones:

> Artículo 1416.- Para los efectos de este título, se entenderá por:
> (…)
> III.- Arbitraje internacional, aquel en el que:
> a) Las partes, en el momento de la celebración del acuerdo de arbitraje, tienen sus establecimientos en países diferentes; o
> b) El lugar de arbitraje, determinado en el acuerdo de arbitraje o con arreglo al misma, el lugar del cumplimiento de una parte sustancial de las obligaciones de la relación comercial o el lugar con el cual el objeto del litigio tenga una relación más estrecha, esté situado fuera del país en el que las partes tienen su establecimiento.
> Para los efectos de esta fracción, si alguna de las partes tienen más de un establecimiento, el establecimiento será el que guarde una relación más estrecha con el acuerdo de arbitraje; y si una parte no tiene ningún establecimiento, se tomará en cuenta su residencia habitual;
> (…)

Sustancialmente, el Código de Comercio introduce la Ley Modelo con una referencia adicional al Reglamento de Arbitraje de la CNUDMI, para

---

41 Publicado originalmente en el Diario Oficial de la Federación en 1889, y actualizado al paso de los años.

42 Julio C. Treviño, "La nueva legislación mexicana sobre arbitraje internacional", Journal International Arbitration, vol. II, n. 4, Ginebra, 1994, 35-36.

la regulación de las costas y otras normas procesales. En general, la reforma citada permite sentar las bases para la armonización de las legislaciones nacionales, siguiendo el ejemplo dado por las legislaciones de arbitraje más avanzadas del mundo.[43]

Las diferencias entre el Código de Comercio mexicano y la Ley Modelo de la CNUDMI son mínimas, resumidas por Treviño de la siguiente manera: a) el Código de Comercio mexicano se aplica tanto al arbitraje nacional como al internacional; b) los árbitros están facultados para definir la ley sustantiva aplicable en ausencia de una cláusula válida de elección de ley, sin restricción directa sobre las reglas de conflicto que se consideren adecuadas; c) la legislación mexicana prevé la existencia de un árbitro único, a diferencia del tribunal tripartito de la Ley Modelo; y d) las costas se definen con referencia al Reglamento de Arbitraje de la CNUDMI.[44]

En materia de reconocimiento y ejecución de laudos arbitrales extranjeros, la legislación mexicana sigue de cerca la Convención de Nueva York y la Convención de Panamá sobre Arbitraje Internacional. En general, la legislación mexicana favorece el arbitraje internacional como consecuencia de las reformas al Código de Comercio en la materia, más adelante señaladas, y a las disposiciones legales de los tratados comerciales internacionales, especialmente los celebrados con los Estados Unidos de América y Canadá.[45]

---

43 *Ibid.*

44 *Id.*, p. 37.

45 Véanse las normas relativas al arbitraje de inversiones reguladas por el USMCA en https://ecija.com/sala-de-prensa/mexico-el-arbitraje-de-inversion-y-el-t-mec/.

Capítulo II
Validez del convenio arbitral

Este capítulo, que es en nuestra opinión el núcleo de este libro, abordará la cuestión de la validez de los acuerdos de arbitraje.

De conformidad con el artículo 2º de la Convención de Nueva York, los tribunales de los Estados contratantes están obligados a reconocer los acuerdos de arbitraje extranjeros. El efecto de dicho reconocimiento es la obligación de los tribunales correspondientes de remitir las partes a arbitraje, una vez que queda acreditada la existencia de un acuerdo arbitral *válido*, condición necesaria para que pueda darse la remisión.

Las disposiciones del artículo 2º de la Convención de Nueva York son aplicables cuando:

1) A pesar de la existencia de un acuerdo de arbitraje, una de las partes interpone una demanda judicial y la otra, en respuesta, invoca, como excepción, el acuerdo de arbitraje para solicitar la remisión a arbitraje.
2) Una de las partes del acuerdo invoca la ayuda del tribunal para obligar a la parte recalcitrante a someterse a arbitraje basándose en un acuerdo de arbitraje válido.

En ambos casos, los tribunales tienen la última palabra para decidir si existe o no un acuerdo de arbitraje válido. La jurisdicción del árbitro está siempre en manos del tribunal cuando la validez del acuerdo es impugnada por una de las partes, ya sea interponiendo una demanda judicial o negándose a participar en el arbitraje.[46]

Es importante mencionar que, como regla general, los tribunales limitan su investigación a los asuntos relacionados con la validez *prima facie* del acuerdo de arbitraje en sí. Los tribunales no deben investigar la validez del contrato en el que se basa la cláusula de arbitraje.

Esta limitación del papel de los tribunales es el resultado de una teoría, generalmente aceptada, sobre la *separabilidad* del acuerdo de arbitraje. Esta

---

46 Véase Peter Sanders, "International Commercial Arbitration". Arbitrage Comm. *Essais in Memoriam E. Minoli* 467 en p. 483.

teoría significa que la validez de la cláusula de arbitraje es independiente de la del contrato subyacente, lo cual se traduce en que el acuerdo de arbitraje no se ve afectado por la posible ilegalidad del contrato principal. La mayoría de los países, incluyendo a México, que se han adherido a la Convención han aceptado la doctrina de la *separabilidad*.[47]

En *Prima Paint Corp.* v. *Flood & Conklin Manufacturing Co.*[48] la doctrina de la *separabilidad* fue adoptada por el Tribunal Supremo de los Estados Unidos. Aunque este caso se refería a una controversia puramente nacional, los tribunales se han basado en gran medida en sus fundamentos cuando se trata de un acuerdo de arbitraje extranjero.[49]

La doctrina de la *separabilidad* se refiere al reparto de competencias entre tribunales y árbitros. La ley que rige esta cuestión es la ley del lugar donde se celebra el procedimiento. Esto es así porque el concepto de competencia es una cuestión de derecho procesal y está muy bien reconocido entre los países que los procedimientos judiciales, por regla general, se rigen por la *lex fori*.[50]

Recapitulando, los tribunales deciden, en su caso, si el acuerdo de arbitraje es válido o no. Así pues, la validez de las cláusulas de arbitraje corres-

---

47 Véase 1,2,3,4,5 Y.B. Comm. Arb. (Consejo Internacional de Arbitraje Comercial) Informes Nacionales. Véase también Fiona Trust & Holding Corp. v. Privalov, Court of Appeal, England and Wales, 24 de enero de 2007, 2006 2353 A3 QBCMF, confirmada por Fili Shipping Co. Ltd. y otros contra Premium Nafta Products Ltd. y otros, House of Lords, Inglaterra y Gales, 17 de octubre de 2007; Claimant contra Ocean International Marketing B.V., y otros, Tribunal de Primera Instancia de Rotterdam, Países Bajos, 29 de julio de 2009, 194816/HA ZA 03-925; Ramasamy Athappan and Nandakumar Athappan v. Secretariat of Court, International Chamber of Commerce, Tribunal Superior de Madrás, India, 29 de octubre de 2008; Oberlandesgericht [OLG] Celle, Alemania, 8 Sch 3/01, 2 de octubre de 2001 (Guía de la Secretaría de la CNUDMI sobre la Convención sobre el Reconocimiento y la Ejecución de las Sentencias Arbitrales Extranjeras). Véase también "Guide of Mexican Arbitration Law", Zeiler, Floyd, Zadkovich, https://www.zeilerfloydzad.com/wp-content/uploads/2020/08/ZFZ-Mexican-Arbitration-Law-Guide.pdf

48 388 U.S. 395 1967. Véase también Moseley v. Electronic Facilities 374 U.S. 167, 1963.

49 Véase Sumaza v. Cooperative Ass'n 297, F. Supp. 345 (D.P.R. 1969).

50 Véase Smedresman, nota 13 *supra*, pp. 272, 338. Se podría argumentar aquí que la doctrina de la autonomía de las partes debería tenerse en cuenta a la hora de resolver esta cuestión. Véase también Mertcan Ipek, "Interpretation of Article II(3) of the New York Convention", Marmara Üniversitesi Hukuk Fakültesi Hukuk Araştırmaları Dergisi, Volume 23, Issue 3, 692, 2017.

ponde al tribunal del país que conoce en primer lugar de una solicitud de remisión a arbitraje.[51] Según el artículo 2-3:

> El tribunal de uno de los Estados Contratantes al que se someta un litigio respecto del cual las partes hayan concluido un acuerdo en el sentido del presente Artículo, remitirá a las partes al arbitraje, a instancia de una de ellas, a menos que compruebe que dicho acuerdo es nulo, ineficaz o inaplicable.

Entonces, cuando el artículo 2° es aplicable, los tribunales tienen que remitir a las partes al arbitraje, *solamente si* la cláusula de arbitraje es calificada como válida. Este juicio sobre la validez realizado por los tribunales es independiente de la legalidad de la transacción principal que da vida a la cláusula de arbitraje como antes se señaló. Hemos insistido sobre este punto porque nos parece crucial para la comprensión del contenido del artículo 2° de la Convención de Nueva York.

El caso *Fuller*[52] representa un buen ejemplo de cómo los tribunales manejan la cuestión de la validez del propio convenio arbitral. En este caso, parte del cual fue analizado anteriormente, el tribunal resolvió la cuestión del ámbito de aplicación de la Convención así como el problema de la validez de la propia cláusula de arbitraje, dejando a los árbitros la resolución de la cuestión de la interpretación del contrato principal. En el presente caso, la cuestión de si existía un nuevo contrato que hacía inoperante el convenio arbitral se dejó a la decisión del árbitro porque dicha cuestión estaba "anexa" al contrato principal.

Según la ley aplicable a la cláusula de arbitraje,[53] sólo un nuevo contrato pone fin a la vigencia de una cláusula de arbitraje; si el acuerdo alegado por Fuller (véase la descripción de este caso en la página 14) constituía o no un nuevo contrato debía ser decidido por los árbitros según el tribunal.[54]

Entonces, suponiendo, *arguendo*, que el árbitro hubiera decidido que el supuesto acuerdo alcanzado en la reunión celebrada en enero de 1975

---

51 Véase Quigley, *supra* nota 12 en 1055. Sanders, *supra* nota 46 en 483. Samuel Pisar, "La Convención de las Naciones Unidas sobre las Sentencias Arbitrales Extranjeras". 1959, J. Bus. L. 219 en 220. Ver también G. Aksen, "Application of the N.Y. Convention by U.S. Courts" 1979 Y.B. Comm. Arb. 341 en p. 348. Véase también Switzerland No 43, X Holding AG v Y Investments NV, Bundesgerichtshof (2010), 36 YB Comm Arb 343 en para 10 [X Holding].

52 421 F. Supp. 938.

53 *Id.* en p. 948.

54 *Id.* en p. 948.

constituía un nuevo contacto, el convenio arbitral habría quedado sin efecto, según lo dispuesto en la legislación aplicable correspondiente.

En este caso tan interesante se aplicó plenamente la doctrina de la *separabilidad*, tratándose la vida jurídica del acuerdo de arbitraje independientemente de la vida del propio contrato. Esta doctrina se tuvo en cuenta a pesar de que la vida jurídica del acuerdo de arbitraje dependía de la interpretación de las cuestiones sustancialmente relacionadas con el contrato principal, como el alegado finiquito. Como dijimos antes, dicha interpretación se dejaba a los árbitros.

El tribunal consideró *prima facie que* el acuerdo de arbitraje era válido. Constató que el acuerdo estaba vivo de acuerdo con los criterios establecidos en el artículo 2° de la Convención de Nueva York, los cuales se analizarán más adelante en este capítulo. Por lo tanto, la confirmación final de dicha conclusión era una tarea que debían realizar los árbitros.

La consecuencia de esto fue que el tribunal permitió a los árbitros decidir sobre su propia competencia. En nuestra opinión, esto fue así porque la cuestión principal (la cuestión del nuevo contrato) estaba estrechamente relacionada con el contrato subyacente. Por lo tanto, la cuestión entraba dentro del ámbito del arbitraje y fuera del dominio del tribunal. El dominio del tribunal está limitado por los las fronteras de la interpretación de la validez de la propia cláusula de arbitraje, de acuerdo con el contenido del artículo 2° de la Convención de Nueva York.[55]

Holtzmann[56] dice que la única cuestión ante un tribunal al decidir sobre una solicitud de remisión a arbitraje de conformidad con el artículo 2 de la Convención de Nueva York, o en otras palabras al tratar de la validez de la cláusula de arbitraje, es si la cuestión implicada en la demanda está cubierta por el acuerdo de arbitraje. No estamos de acuerdo con esta in-

---

55 Véase también Becker, Auto Radio v. Becker Autoradiowerk GmbH, F.2d 39 (3rd Cir. 1978). A este respecto, el párrafo 1 del artículo 16 de la Ley Modelo de la CNUDMI dispone lo siguiente:
El tribunal arbitral estará facultado para decidir acerca de su propia competencia, incluso sobre las excepciones relativas a la existencia o a la validez del acuerdo de arbitraje. A ese efecto, una cláusula compromisoria que forme parte de un contrato se considerará como un acuerdo independiente de las demás estipulaciones del contrato. La decisión del tribunal arbitral de que el contrato es nulo no entrañará ipso jure la nulidad de la cláusula compromisoria.

56 Sr. Holtzmann, 1977 Y.B. Comm. Arb. (Consejo Internacional de Arbitraje Comercial), p. 124.

terpretación, pues pensamos que puede haber más cuestiones que deban ser resueltas por los tribunales en los casos comprendidos en la disposición del artículo 2º. Este problema nos lleva a la cuestión de la definición de la validez del acuerdo de arbitraje.

La validez del convenio arbitral en la fase del artículo 2º de la Convención tiene que ver con la *arbitrabilidad* de la materia sometida a arbitraje y con otros conceptos como los mencionados en los artículos 2-3 de la Convención que serán analizados más adelante en esta obra. Podemos decir que la "nulidad" del convenio arbitral puede efectivamente tener muchas causas, por lo que procedemos a explicar estas causas o fuentes de nulidad.

Según el artículo 2º de la Convención de Nueva York, los tribunales obligarán a las partes a someterse a arbitraje a menos que comprueben que:

1) El asunto no es susceptible de solución mediante arbitraje. Llamaremos a esto la cuestión de la *"arbitrabilidad"* de la controversia (artículo 2º, párrafo 1).[57] Esta cuestión, así como la ley que la rige, se discutirá independientemente de las otras dos cuestiones relacionadas con la cuestión de la validez del acuerdo de arbitraje y que se mencionan a continuación.

2) El acuerdo de arbitraje es "nulo, inoperante o inaplicable". Esta fuente de nulidad incluye la cuestión de si una disputa entra dentro del ámbito del acuerdo de arbitraje (artículo 2º, párrafo 3). Nos referiremos a esta cuestión como el problema de la "invalidez".

3) El convenio arbitral no cumple con los requisitos formales establecidos en el artículo 2º, párrafo 2. Esto se denominará como el problema de la *"validez formal" del acuerdo de arbitraje.*

Estas tres cuestiones principales sobre las que deben decidir los tribunales cuando se ocupan de casos incluidos en el ámbito del artículo 2º de la Convención son, de hecho, verdaderos límites a su jurisdicción. Una vez que los tribunales llegan a la conclusión de que el acuerdo de arbitraje es válido, entonces es su responsabilidad remitir a las partes al arbitraje correspondiente, de modo que la jurisdicción de los tribunales deja de tener efecto. Un acuerdo de arbitraje válido significa para los

---

57 El artículo 2-1 dice: "Cada Estado contratante reconocerá un acuerdo por escrito..., relativo a una *materia susceptible de solución mediante arbitraje*".

tribunales "dejar las manos fuera",[58] en palabras de Peter Sanders y de otros autores como Giacomo Marchisio.

La importancia del reconocimiento del acuerdo de arbitraje radica precisamente en la idea de que los tribunales de los Estados contratantes deben respetar la función de los árbitros remitiendo a las partes al arbitraje.[59] Los tribunales de los Estados contratantes, al aplicar acuerdos de arbitraje válidos, reconocen en realidad la libertad de las partes. Siguiendo esta visión, el Tribunal Federal Suizo ha interpretado el artículo 2° de la Convención de Nueva York en este sentido.[60]

Hay que tener en cuenta que el artículo 2° de la Convención de Nueva York no prevé explícitamente el reconocimiento de la "validez" de los acuerdos de arbitraje, sino que lo hace de forma implícita. Los tribunales tienen la obligación de reconocer y ejecutar dichos acuerdos, a menos que determinen que los acuerdos de arbitraje son inválidos. De esto se deduce que los tribunales, al no declarar inválidos los acuerdos de arbitraje, están de hecho reconociendo su validez al ordenar a las partes del acuerdo el arbitraje.

El borrador original del artículo 2°, párrafo 1, cuya redacción fue propuesta por Suecia,[61] representaba un intento de volver a promulgar el artículo 1° del Protocolo de Ginebra de 1923[62] que exigía que los Estados "reconocieran la validez" de las cláusulas arbitrales. Dicho proyecto establecía

---

[58] P. Sanders, "New York Convention on the Recognition and Enforcement of Foreign Arbitral Awards," 6 Neth. Rev. Int' L. 43, en p. 49. En palabras del Tribunal Supremo de Canadá, "el arbitraje no forma parte del sistema judicial de ningún Estado" y "debe su existencia únicamente a la voluntad de las partes"; Sentencia de 13 de julio de 2007, Tribunal Supremo de Canadá, Canadá (2007) Dell Computer Corp. v. Union des consommateurs, [2007] 2.S.C.R. 801, 2007 SCC 34. Giacomo Marchisio, "The Validity of the Arbitration Agreement in International Commercial Arbitration", McGill University, 2014, en p. 11 y stes, cuyas referencias bibliográficas han sido de especial utilidad, file:///home/paps/Descargas/99f298fe-485f-47e1-bcb3-de354590bb66%20(2).pdf

[59] Véase, por ejemplo, Lindo (Nicaragua) v. NCL Ltd. (Bahamas). (Bahamas), Tribunal de Apelaciones, Undécimo Circuito, Estados Unidos de América, 29 de agosto de 2011, 10-10367; Ernesto Francisco v. Stolt Achievement MT, Tribunal de Apelaciones, Quinto Circuito, Estados Unidos de América, 4 de junio de 2002, 01-30694.

[60] Véase Tradax Export S.A. contra Amoco Iran Oil Company, Tribunal Federal, Suiza, 7 de febrero de 1984.

[61] E/CONF. 26/L8.

[62] *Supra* nota 10.

que los Estados contratantes debían reconocer un acuerdo de arbitraje "como válido", expresión que fue suprimida del texto de la Convención. Según Quigley[63] la razón de la supresión se debió a que los redactores no limitaron explícitamente el ámbito de aplicación del artículo 2°. En su opinión, esta omisión llevó a los países a la conclusión de que el artículo 2° también era aplicable a los acuerdos de arbitraje puramente nacionales. Esta cuestión del ámbito de aplicación ya fue discutida con anterioridad dentro de la presente obra.

Consideramos que la supresión de la expresión "como válidos" no afecta al contenido del artículo 2° de la Convención de Nueva York. El hecho de que dicho artículo no exija expresamente que los países contratantes reconozcan "como válidos" los acuerdos de arbitraje no es relevante, ya que, como dijimos anteriormente, el efecto del reconocimiento "desnudo"[64] previsto en el artículo 2°, párrafo 1, se explica con suficiente claridad en el párrafo 3 del mismo artículo.

Así pues, el artículo 2° exige tácitamente a los Estados contratantes que reconozcan "como válidos" los acuerdos de arbitraje que sus tribunales correspondientes hayan considerado como no nulos. En resumen, la supresión no altera el fondo de la disposición. En consecuencia, la Guía de la Secretaría de la CNUDMI sobre la Convención sobre el Reconocimiento y la Ejecución de las Sentencias Arbitrales Extranjeras afirma que "la naturaleza obligatoria del requisito de reconocer y ejecutar los acuerdos de arbitraje ha sido confirmada por decisiones en la mayoría de las jurisdicciones".[65]

---

63 Quigley, nota 12 *supra,* en p. 1063.

64 A diferencia del "reconocimiento de la validez" establecido en el proyecto original y en el Protocolo de Ginebra de 1923.

65 Guía de la Secretaría de la CNUDMI sobre la Convención sobre el Reconocimiento y la Ejecución de las Sentencias Arbitrales Extranjeras (Nueva York, 1958), Naciones Unidas, edición de 2016, pág. 57. Esta afirmación se apoya en Seeley International Pty Ltd. v. Electra Air, Federal Court, Australia, 29 de enero de 2008, SAD 157 de 2007; Sunward Overseas SA v. Servicios Marítimos Limitada Semar, Corte Suprema de Justicia, Colombia, 20 de noviembre de 1992, 472; SA C.F.T.E. v. Jacques Dechavanne, Tribunal de Apelación de Grenoble, Francia, 13 de septiembre de 1993; Westco Airconditioning Ltd. v. Sui Chong Construction & Engineering Co. Ltd., Tribunal de Primera Instancia, Tribunal Superior de la Región Administrativa Especial de Hong Kong, Hong Kong, 3 de febrero de 1998, A12848; Renusagar Power Co. Ltd. v. General Electric Company and anor., Tribunal Supremo, India, 16 de agosto de 1984; Louis Dreyfus Corporation of New York v. Oriana Soc. di Navigazione S.p.a, Tribunal de Casación, Italia, 27 de febrero de 1970, 470, I Y.B. Com. Arb. 189 (1976).

En resumen, el artículo 2, párrafo 1, establece la obligación general de los Estados contratantes de reconocer los acuerdos de arbitraje que entren dentro del ámbito de aplicación de la Convención. Por otro lado, el artículo 2, párrafo 3, "detalla" también el significado de dicha obligación y sus correspondientes efectos. El artículo 2° de la Convención de Nueva York debe leerse en su conjunto para evitar interpretaciones incorrectas o parciales de dicho artículo. Los autores que concluyen que, en virtud de lo dispuesto en el artículo 2-1, los Estados no están obligados a conceder el cumplimiento específico del acuerdo de arbitraje que remita a las partes al arbitraje,[66] no hacen una lectura sistemática del artículo 2°, a la luz de toda la Convención.

LA VALIDEZ FORMAL DEL CONVENIO ARBITRAL

El artículo 2°, párrafo 2, establece que: "la expresión *acuerdo por escrito* denotará una cláusula compromisoria incluida en un contrato o un compromiso arbitral, firmados por las partes o contenidos en un canje de cartas o telegramas".[67] Este párrafo ha sido interpretado de muy diversas maneras por los autores y por los tribunales de los Estados contratantes, como los tribunales de Italia por ejemplo, aunque en la actualidad se ha interpretado liberalmente por los tribunales de muchos países, con motivo de las avanzadas tecnologías de las comunicaciones, y de la ya reconocida preeminencia del artículo 7 (1) de la Convención que autoriza requisitos formales menos estrictos, conforme a las legislaciones nacionales. El artículo 2°, párrafo 2, aborda la cuestión de la validez formal del acuerdo de arbitraje.

Para algunos autores clásicos, como Sanders,[68] esta disposición constituye una norma uniforme que rige la forma de los acuerdos de arbitraje;

---

66 Véase, por ejemplo, Quigley, nota 12 *supra* en 1063.

67 El Tribunal Supremo de Austria en su sentencia de 17 de noviembre de 1971 (1976) 1 Y.B. Comm. Arb. 183 (Consejo Internacional de Arbitraje Comercial) sostuvo que un acuerdo de arbitraje contenido en un intercambio de télex era válido bajo la Convención.

68 Peter Sanders, "A Twenty Years' Review of the Convention on the Recognition and Enforcement of Foreign Arbitral Awards," 13 Int. Lawyer 269, 1979, en 278. Véase Italy, Supreme Court, Robobar Limited (UK) v. Finncold SAS (Italy) 28 Oct. 1993, YEARBOOK COMMERCIAL ARBITRATION XX en 739 (1995). Pero véase caso donde fue válido el acuerdo arbitral dentro de un contrato "online", Lieschke v Realnetworks, Inc. no 99C 7274, 99C 7380, 2000 WL XXV YBCA 530 (2000) (ND3, 2000).

según esto, tal disposición sustituye a la correspondiente ley aplicable al acuerdo de arbitraje que puede prever requisitos formales específicos. Para entender este punto es importante tener en cuenta que la cuestión de las formalidades es un problema "que generalmente se considera normado por la ley que rige el acuerdo".[69]

Según el planteamiento de Sanders, los requisitos formales establecidos en el artículo 2°, párrafo 2, deben prevalecer sobre cualquiera que sea la ley que rija el acuerdo de arbitraje.

De conformidad con lo dispuesto en el artículo 2°, párrafo 2, estamos ante un "acuerdo por escrito" cuando:

1) la cláusula compromisoria esté contenida en el contrato subyacente firmado por las partes. Dicho artículo no precisa la expresión "incluirá una cláusula compromisoria en un contrato", por lo que cabe interpretar que abarca las cláusulas compromisorias contenidas en los contratos por referencia a otros documentos como las condiciones tipo o generales que, de hecho, contienen las cláusulas compromisorias,[70]

---

69 Smedresman, nota 13 *supra* en 327.

70 Incluso en aquellos casos en los que hay una ausencia de documentos escritos, la prueba del consentimiento de las partes al ejecutar el contrato, ha sido reconocida como una aceptación tácita del acuerdo de arbitraje. En Chloe Z Fishing Co. v. Oddysey Re (London) Ltd., un caso relativo a una acción entablada contra compañías de seguros respecto a reclamaciones sobre la cobertura de daños personales derivados del trabajo en buques dedicados a operaciones de pesca de atún, un Tribunal estadounidense interpretó el alcance del término "acuerdo por escrito" en la medida de la participación en la negociación de un contrato que contenía una cláusula arbitral; 109 F. Supp. 2d 1236 (S.D. Cal. 2000). Incluso en ausencia de firmas o de intercambio de documentos, tribunales como el Tribunal Supremo de la India (Smita Conductors Ltd. v. Euro Alloys Ltd., Supreme Court, India, 31 de agosto de 2001, Civil Appeal No. 12930 of 1996) y un tribunal francés (SA Groupama transports v. Societé MS Regine Hans Uns Klaus Heinrich KG, Court of Appeal Basse Terre, Francia, 18 de abril de 2005), resolvieron que la aceptación de un contrato escrito que incluye la cláusula arbitral, o el conocimiento de un acuerdo de arbitraje independiente contenido en una nota de reserva, cumplían los requisitos necesarios para la existencia del acuerdo de arbitraje en términos del artículo 2, párrafo 2. En otros casos, los tribunales se han basado en el comportamiento procesal de las partes para inferir si consintieron o no al arbitraje de sus controversias; se ha considerado que la ausencia de objeciones al tribunal arbitral implica reconocer el acuerdo de arbitraje (L'Aiglon S/A v. Têxtil União S/A, Tribunal Superior de Justicia, Brasil, 18 de mayo de 2005, SEC 856, 6 Com-

2) existe un acuerdo de arbitraje por escrito firmado por las partes,

3) el acuerdo de arbitraje está contenido en un intercambio de cartas o telegramas.[71]

Estos son los requisitos formales para la validez de los acuerdos de arbitraje cubiertos por la Convención de Nueva York. Estas formalidades, como principio general, deben prevalecer sobre las disposiciones formales de las leyes nacionales, a menos de que tales disposiciones sean menos estrictas, como antes se señaló. A este respecto, es importante mencionar que el Artículo 5° de la Convención de Nueva York se refiere a dichas leyes nacionales cuando introduce en la sección 1(a), como primera base para la denegación de la ejecución de laudos arbitrales extranjeros, que el acuerdo de arbitraje "no es válido... bajo la ley del país donde el laudo fue emitido". Sin embargo, la referencia al país donde "se dictó el laudo" hace inoperante esta regla en esta fase de reconocimiento del acuerdo de arbitraje en la que todavía no se ha dictado ningún laudo.[72]

El Tribunal Supremo de Austria apoyó esta interpretación de los artículos 2° y 5° de la Convención de Nueva York en su sentencia de 17 de noviembre de 1971.[73] En este caso, un vendedor suizo y un comprador austriaco acordaron mediante un intercambio de telegramas que sus posibles disputas fueran resueltas por el Tribunal Arbitral de Austria. Al comienzo del procedimiento, el vendedor alegó que el acuerdo de arbitraje no era válido con arreglo a las leyes de Austria. El Tribunal Arbitral no aceptó esa alegación y entonces el vendedor suizo interpuso una demanda ante un tribunal austriaco. Dicho tribunal falló a favor del vendedor. Sin embargo, el Tribunal Supremo revocó la sentencia.

---

monwealth Development Corp v. Montague, Tribunal Supremo de Queensland, Australia, 27 de junio de 2000, Apelación n° 8159 de 1999; DC n° 29 de 1999). *Cf.* opinión contraria de Albert J Van den Berg, "The New York Convention: Its Intended Effects, Its Interpretation, Salient Problem Areas" in The New York Convention 1958 (ASA Special Series No 9) (Geneva: Swiss Arbitration Association, 1996) 44 [Van den Berg, "The New York Convention"]. Véase también en contraste con Van den Berg, Toby Landau, "The Requirement of a Written Form for an Arbitration Agreement: When 'Written' Means 'Oral'", in International Commercial Arbitration: Important Contemporary Questions (ICCA Congress Series No 11) (The Hague: Kluwer Law International, 2003) 19.

71 Véase nota 67 *supra.*

72 Véase Smedresman, nota 13 *supra*, pág. 328.

73 Sentencia de 17 de noviembre de 1971, Oberster Gerichtshof, Austria (1976) 1 Y.B. Comm. Arb. (Consejo Internacional de Arbitraje Comercial).

El Tribunal Supremo consideró que la regla establecida en el artículo 5° de la Convención de Nueva York que remite a la ley austriaca no era aplicable en la fase de reconocimiento de los acuerdos de arbitraje y además, que dicho artículo no trataba de los requisitos formales. Concluyó diciendo que los requisitos formales que deben cumplir los acuerdos deben juzgarse de acuerdo con lo dispuesto en el artículo 2°, párrafo 2, de la Convención.

Pensamos que este enfoque de uniformidad formal es coherente con el objetivo de la Convención de Nueva York que, según un Tribunal Federal de EE.UU.[74], es fomentar el reconocimiento y la ejecución del arbitraje comercial en los contratos internacionales y *unificar las normas* por las que se rigen los acuerdos de arbitraje. Puede establecerse una excepción a este principio cuando la ley correspondiente aplicable al acuerdo de arbitraje no exija una forma escrita para que el acuerdo sea válido, la cual, a consideración nuestra, no contraviene el espíritu de la Convención de Nueva York, ya que dicha excepción aumenta la probabilidad de que un laudo arbitral internacional sea ejecutado por los Estados contratantes de conformidad con la Convención.[75]

Sin embargo, este principio de uniformidad no siempre ha sido reconocido por los tribunales de los Estados contratantes. *Italia* representó un buen ejemplo de cómo los tribunales de los distintos países han venido interpretando las disposiciones del segundo párrafo del artículo 2° de la Convención de Nueva York.

Según el derogado artículo 26 de las Disposiciones Generales de la Ley,[76] la forma de los acuerdos de arbitraje se regía por la ley del Estado en el que se celebraba el acuerdo (*norma locus regit actum*). Así, la ley italiana solía regir la validez formal de los acuerdos de arbitraje extranjeros cuando no se habían celebrado en el extranjero. Cuando el acuerdo se celebraba en otro país, la ley de dicho país regía las formalidades de la cláusula.

El artículo 1341 del C.C. italiano[77] prevé la *aprobación específica* en cláusulas de arbitraje contenidas en contratos por referencia a condiciones gene-

---

74 Sumitono Corporation y Oshima Shipbuilding Co. Ltd. contra Parakapi Compañía Marítima, 477 F. Supp. 738 y ss.

75 Véase la sentencia de 25 de enero de 1977 n° 361. Corte di Cassazioni (Sez. Un.) 1979, 4 Y.B. Comm. Arb. (Consejo Internacional de Arbitraje Comercial). Pero véase Sanders, nota 68 *supra* en 286.

76 Véase Mirabelli, nota 26 *supra*, pág. 366.

77 El art. 1341 dice lo siguiente:
Condiciones generales del contrato. Las condiciones generales preparadas por una de las partes surtirán efecto frente a la otra, si en el momento de la celebración del

rales o contratos de adhesión. Esto representa una norma más estricta que la establecida en la Convención de Nueva York.

En *Carters Ltd.* contra *Francesco Ferraro,*[78] el tribunal italiano sostuvo que el artículo 2°, párrafo 2, de la Convención de Nueva York, prevalece sobre los artículos 1341 y 1342 del C.C. italiano. Según estas disposiciones, una cláusula arbitral contenida en un contrato tipo es nula a menos que se acuerde específicamente por escrito. El tribunal dijo que el artículo 2, párrafo 2, contiene una *norma uniforme* para todos los Estados contratantes que, de hecho, prevalece sobre las normas de derecho interno. El tribunal concluyó diciendo que la validez formal de los acuerdos de arbitraje tiene que juzgarse exclusivamente sobre la base de la Convención, y no sobre la base de la ley del lugar donde se hizo la cláusula. Otro tribunal italiano llegó a la misma conclusión en 1973.[79]

Aunque la jurisprudencia de estos casos italianos demuestra que en algunos casos el principio de uniformidad fue tomado en consideración por los tribunales al decidir sobre las cuestiones relativas a la validez formal de los acuerdos de arbitraje comprendidos en el ámbito de la Convención, no obstante la interpretación del artículo 2°, párrafo 2, de dicho tratado por el Tribunal Supremo de Italia no dio pleno apoyo al principio de uniformidad.

A este respecto, el Tribunal Supremo de Italia sostuvo en muchos casos[80] que la ley italiana (artículo 1341) se aplicaba a los acuerdos de arbi-

---

contrato esta última las conocía o debería haberlas conocido empleando la diligencia ordinaria.

En cualquier caso, son ineficaces, salvo que se aprueben expresamente por escrito, las condiciones que establezcan, a favor de quien las haya preparado de antemano, limitaciones a la responsabilidad, la facultad de desistir del contrato o de suspender su ejecución, o que impongan a la otra parte plazos que impliquen caducidades, limitaciones a la facultad de oponer excepciones, restricciones a la libertad contractual en las relaciones con terceros, prórroga o renovación tácitas del contrato, cláusulas de arbitraje o excepciones a la competencia de los tribunales. *Id* en 366.

78 Sentencia de 20 de febrero de 1975. Corte di Appello di Napoli (1979) 4 Y.B. Comm. Arb. (Consejo Internacional de Arbitraje Comercial). Véase también la sentencia de 30 de marzo de 1973. Corte di Appello di Torino, Italia (1976) 4 Y.B. Comm. Arb. (Consejo Internacional de Arbitraje Comercial).

79 *Ibid.*

80 Véase la sentencia de 22 de abril de 1976 N° 1439 Corte di Cassazioni (Sez. Un.) Italia (1977) 2 Y.B. Comm. Arb. (Consejo Internacional de Arbitraje Comercial) Sentencia de 13 de diciembre de 1971 N° 3620, Corte di Cassazioni (Sez. Un.) Italia (1976) 1 Y.B. Comm. Arb. (Consejo Internacional de Arbitraje Comercial).

traje extranjeros. Al hacerlo, el Tribunal Supremo no reconoció muchos acuerdos de arbitraje que carecían de la aprobación específica requerida por el artículo 1341 del C.C. italiano.

Por otra parte, el mismo Tribunal Supremo, en un caso en el que estaban implicadas una sociedad de Liechtenstein y una sociedad italiana,[81] reconoció la validez formal de una cláusula de arbitraje contenida en unas condiciones generales que no cumplían el requisito de la aprobación específica establecido en el artículo 1341 del C.C. italiano. El Tribunal Supremo sostuvo que dicha aprobación específica no era necesaria cuando el contrato resultara de negociaciones entre dos partes experimentadas, lo cual acontecía, tratándose de comerciantes.

El Tribunal Supremo de Italia también dictaminó[82] que cuando los acuerdos de arbitraje no se celebraran en Italia, la ley que regiría la validez formal de los mismos sería la ley del país en el que se celebraron dichos acuerdos. Se trataba de una aplicación del artículo 26 de las Disposiciones Generales de la ley a la que nos hemos referido anteriormente. Sin embargo, el Tribunal Supremo en dos casos[83] no aplicó la norma de conflicto de leyes contenida en el Artículo 26 al decidir sobre la validez de acuerdos de arbitraje que no se celebraron en Italia. En su lugar, el Tribunal Supremo aplicó el artículo 1341 del Código Civil italiano. Al hacerlo, el Tribunal Supremo consideró nulos los correspondientes acuerdos de arbitraje porque no cumplían la aprobación específica exigida por el artículo 1341 en los casos de cláusulas de arbitraje contenidas de hecho en documentos incorporados por referencia.

---

81 Sentencia de 25 y 26 de mayo de 1977. Corte di Cassazioni Italia (Sez. Un.) (1979) 4 Y.B. Com. Arb. (Consejo Internacional de Arbitraje Comercial).

82 Véase la sentencia de 25 y 26 de mayo de 1977. Corte di Cassazioni Italia (Sez. Un.) (1978) 3 Y.B. Comm. Arb. (Consejo Internacional de Arbitraje Comercial); sentencia de 8 de abril de 1975 N° 1269. Corte di Cassazioni (Sez. Un.) Italia 2 Y.B. Comm. Arb. (Consejo Internacional de Arbitraje Comercial); sentencia de 25 de enero de 1977. Corte di Cassazioni (Sez. Un.) Italia (1979) 4 Y.B. Comm. Arb. (Consejo Internacional de Arbitraje Comercial); sentencia de 18 de mayo de 1978 N° 2392, Corte di Cassazioni (Sez. Un.) Italia (1980), 5 Y.B. Comm. Arb. (Consejo Internacional de Arbitraje Comercial).

83 Sentencia de 18 de mayo de 1978, Corte di Cassazioni (Sez. Un.) Italia (1980) 5 Y.B. Comm. Arb. (Consejo Internacional de Arbitraje Comercial) y Sentencia de 25 de mayo de 1976. Corte di Cassazioni (Sez. Un.) Italia (1978) 3 Y.B. Comm. Arb. (Consejo Internacional de Arbitraje Comercial).

Los Estados contratantes deberían evitar este tipo de sentencias que, de hecho, frustran el espíritu de la Convención de Nueva York.[84] Recapitulando, la situación en Italia con respecto a la interpretación del artículo 2°, párrafo 2, de la Convención de Nueva York era, en palabras de Sanders, "poco clara y bastante confusa".[85] En la actualidad, la legislación italiana sobre arbitraje comercial internacional sigue básicamente la Ley Modelo de la CNUDMI.[86]

Es muy interesante mencionar que, en contraste con la actitud, en su momento parroquial, del Tribunal Supremo de Italia, un tribunal federal de distrito de EE.UU. en el asunto *Ferrara*,[87] reconoció un acuerdo de arbitraje extranjero, negándose a aplicar la ley italiana. Se trataba de un caso de contratos de compraventa por los que dos empresas italianas acordaron comprar trigo a una empresa canadiense. Estos contratos contenían, por referencia a las Condiciones Generales, cláusulas de arbitraje que preveían el arbitraje en Nueva York.

Los compradores italianos incumplieron los contratos y entonces la empresa canadiense inició un arbitraje en Nueva York. Los compradores presentaron una petición ante un tribunal de Nueva York para que suspendiera el procedimiento de arbitraje alegando, entre otras cosas, que las cláusulas de arbitraje se regían por las leyes de Italia, en virtud de las cuales dichas cláusulas eran nulas, ya que no figuraban por encima de la firma en los contratos correspondientes.

El tribunal rechazó ese argumento al sostener que los Estados deben evitar rechazar el reconocimiento de los acuerdos de arbitraje sobre la base de "puntos de vista parroquiales", ya se reflejen en la ley del foro o en la ley de otro Estado, como Italia, con un alegado interés en el resultado del caso.

Además, el tribunal indicó que el artículo 2° de la Convención de Nueva York, en relación con el artículo 5 de la misma, no impone ninguna norma de derecho internacional privado. Por lo tanto, cabe señalar que los redac-

---

84 Véase Sanders, nota 68 *supra*, pág. 284.

85 *Id.* Véase también sobre este tema acerca de la validez formal del acuerdo, Cisse Amed Daouda, "The Validity of International Commercial Arbitration Agreements", Global Journal of Politics and Law Research Vol.4, No.5 pp. 10-50, September 2016, en p. 21 y stes., https://www.eajournals.org/wp-content/uploads/The-Validity-of-International-Commercial-Arbitration-Agreement-1.pdf

86 Véase "International Arbitration in Italy: 2022 Amendments", Aceris Law, *supra*, nota 26.

87 441 F. Supp. 778 (S.D.N.Y.) 1977.

tores de la Convención pretendieron imponer a los Estados contratantes un "amplio compromiso" de dar efecto a los acuerdos de arbitraje que entran en el ámbito de aplicación de la Convención.

En resumen, los Estados contratantes deben considerar el artículo 2°, párrafo 2, como la regla uniforme que rige la validez formal de los acuerdos de arbitraje cubiertos por la Convención, mismo artículo que en la actualidad se interpreta liberalmente por muchos países. Así, como regla, los requisitos formales establecidos en dicho artículo deben prevalecer sobre aquellos requisitos formales establecidos en las leyes nacionales eventualmente aplicables a los acuerdos de arbitraje, a menos que tales leyes establezcan requisitos menos estrictos, como ha quedado dicho.

LA CUESTIÓN DE LA *ARBITRABILIDAD*

El principal problema que plantea la redacción del primer párrafo del artículo 2° de la Convención es, en efecto, la cuestión de la *arbitrabilidad del objeto* del acuerdo de arbitraje. Para que un acuerdo de arbitraje surta efecto es necesario que la controversia pueda resolverse mediante arbitraje. La mayoría de los países excluyen del arbitraje algunos tipos de controversias, como las que afectan ciertas cuestiones del orden público, de moralidad y justicia. La consecuencia de esta exclusión es que los tribunales nacionales son los competentes para resolver este tipo especial de litigios. Sin embargo, cabe aclarar que en la actualidad las limitaciones a la *arbitrabilidad* son muy restrictivas, debido a la tendencia de favorecer al arbitraje, fruto de una concepción no "parroquial" del tema, como veremos más adelante.

El artículo 2°, párrafo 1, no indica qué ley debe regir esta cuestión crucial de la *arbitrabilidad.* Algunos autores[88] piensan que en este caso los tribunales podrían basarse analógicamente en la norma de derecho internacional privado establecida en el artículo 5°-2a de la Convención de Nueva York, que es aplicable en la fase de reconocimiento de los laudos.[89]

---

88 Como Quigley, *supra* nota 12 en 1064. Pero véase Smedresman, *supra* nota 13 en 328.Véase también Klaus P Berger, "Re-examining the Arbitration Agreement: Applicable Law—Consensus or Confusion?" in Albert Jan van den Berg, ed, International Arbitration 2006: Back to Basics? (ICCA Congress Series No 13) (The Hague: Kluwer Law International, 2007) 301.

89 Misr Insurance Company v. Alexandria Shipping Agencies Company, Tribunal de Casación, Egipto, 23 de diciembre de 1991, 547/51 (traducción no oficial).

El artículo 5º-2a dice lo siguiente:

> También se podrá denegar el reconocimiento y la ejecución de una sentencia arbitral si la autoridad competente del país en que se pide el reconocimiento y la ejecución comprueba:
> (a) que, *según la Ley de ese país*, el objeto de la diferencia no es susceptible de solución por vía de arbitraje; o
> (b)...

Así, el artículo 5º-2a prevé una norma que establece que la ley que rige la *arbitrabilidad* del litigio es la ley del país donde se solicita el reconocimiento del laudo arbitral (ley del foro).

Sin embargo, debe tenerse en cuenta que la ley que rige el fondo del acuerdo de arbitraje puede no coincidir con la ley del Estado en el que se invoca el acuerdo.[90] Según el artículo 21, párrafo 1, de la Convención, los tribunales no están obligados a reconocer los acuerdos de arbitraje cuando las controversias correspondientes no puedan resolverse mediante arbitraje.

Por lo tanto, en esta fase del proceso de arbitraje, así como en la fase de reconocimiento del laudo, la cuestión de la *arbitrabilidad* queda en última instancia en manos de los tribunales.[91] Es por ello que debemos reconocer el papel que desempeñan los tribunales nacionales de los correspondientes Estados contratantes a la hora de decidir sobre ciertos casos de *arbitrabilidad* de los acuerdos de arbitraje extranjeros.

Hay un hecho que es crucial para comprender el desarrollo del arbitraje comercial internacional: en general, los tribunales acostumbraban aplicar sus propias leyes y políticas nacionales a los casos que caían bajo su jurisdicción. Esto representaba un principio tradicionalmente consagrado por la doctrina y la práctica de la mayoría de los sistemas jurídicos nacionales. El arbitraje comercial internacional, en nuestra opinión, ha constituido un desafío a dicho principio tradicional que se ha traducido en la actualidad, en un importante "grado de armonización de los enfoques de los tribunales estatales en apoyo al arbitraje comercial en diferentes países, como

---

90 La importancia de este hecho se analizará más adelante.

91 Véase Aksen, *supra* nota 51 en 348. Véase también Sanders, *supra* nota 68 en 483. Véase también "El papel de los tribunales en relación al arbitraje comercial", Federal Court of Australia, 2023, https://www.fedcourt.gov.au/digital-law-library/judges-speeches/justice-stewart/20230501. Véase también Oracle America, Inc. v. Myriad Group AG, No. 11-17186 (9th Cir. 2013). Véase lo señalado por Nigel Blackaby et al, Redfern and Hunter on International Arbitration (Oxford: Oxford University Press, 2009) en 658.

resultado de la aceptación generalizada de la Convención de Nueva York y de la Ley Modelo de la CNUDMI".

En *Bremen* v. *Zapata Offshore Company*,[92] un caso relacionado con una cláusula de elección de foro, la Corte Suprema de EE.UU. empezó a cuestionar el principio tradicional antes mencionado, diciendo que la posibilidad de aplicar disposiciones nacionales a transacciones internacionales reflejaría un "concepto parroquial de que todas las disputas deben resolverse conforme a nuestras leyes y en nuestros tribunales... No podemos tener un comercio en los mercados mundiales y en aguas internacionales exclusivamente en nuestros términos, regido por nuestras leyes y resuelto en nuestros tribunales".[93]

En el presente caso, dicha Corte de los Estados Unidos reconoció que cuando una transacción tiene contactos con más de una jurisdicción nacional, el derecho extranjero puede desplazar al derecho público del foro.[94]

El arbitraje comercial internacional se ha ido fortaleciendo y contando con el apoyo de los tribunales gracias a que los Estados contratantes, en general, han aplicado un principio distinto del "parroquial". Las personas que han promovido el arbitraje internacional han luchado contra ese enfoque tradicional o "parroquial", a través de lo que llamaríamos un "contraprincipio" que amplía los puntos de vista del Estado más allá de los límites de sus leyes o políticas "parroquiales" con respecto al arbitraje comercial internacional. Este "contraprincipio" se apoya en una doctrina jurídica y práctica arbitral desarrolladas a lo largo de los años, muy diferentes de las que respaldan el principio tradicional, cuando se trata de acuerdos de arbitraje que impliquen transacciones internacionales. Un fruto trascendente de dicho "contraprincipio" es el desarrollo de la doctrina "kompetenz-kompetenz", tomada en cuenta por varios países, incluyendo a México, a la luz de la Ley Modelo antes citada, y que se traduce en que los árbitros tienen la facultad inicial de enfrentar los retos relativos a su jurisdicción, y a la existencia y validez de los acuerdos arbitrales, con sujeción a la subsecuente intervención de los tribunales que tendrán la última palabra en esta materia, como se ha dicho anteriormente.

Los tribunales deben tener en cuenta que las personas que se dedican a los negocios internacionales tienen una noción clara de lo que implican

---

92 407 U.S. 1 (1972).

93 *Id.* en 9.

94 Véase Smedresman, *supra* nota 13, pág. 330.

las transacciones de esa índole, diferentes a las que carecen de vinculaciones internacionales, como antes se comentaba. Los tribunales, al decidir cuestiones jurídicas internacionales de arbitraje comercial, en particular los casos cubiertos por el artículo 2° de la Convención, están comprometidos a seguir construyendo el cuerpo de reglas que represente la esencia de la doctrina legal que apoya el arbitraje comercial internacional.[95]

Las personas e instituciones interesadas en seguir promoviendo el arbitraje comercial internacional, que hoy en día se enfrenta a su costosa y rígida "judicialización", así como a la competencia de los tribunales públicos de arbitraje internacional, deberían considerar como guía para su actuación lo que dijo en 1960 el entonces presidente de la Corte de Arbitraje de la Cámara de Comercio Internacional a propósito del arbitraje comercial internacional: "Un espíritu audaz en el que el pragmatismo económico y la equidad ocupan un lugar más importante que el respeto de la forma y, hasta cierto punto, de la letra de las leyes".[96] Este es precisamente el contenido del contraprincipio necesario para el fortalecimiento doctrinal del arbitraje comercial internacional, que exige de nuevo flexibilidad y costos razonables.

Afortunadamente, los países han ido aplicando e interpretando las disposiciones de la Convención de Nueva York y, en particular, el artículo 2°, a la luz del espíritu mencionado, y muchos de ellos, siguiendo la Ley Modelo de la CNUDMI.

En nuestra opinión, la ausencia de una norma fija de elección de ley en el contenido del artículo 2° constituye una buena oportunidad para que

---

95 Véase "Paz mundial a través del Derecho. El arbitraje comercial internacional debe apoyar enérgicamente el desarrollo del derecho supranacional y, por tanto, la paz mundial a través del derecho". Estudio. The Washing Conference, West Publishing Company (1967) en 67. Véase un interesante caso del año 2021 sobre *arbitrabilidad* en Singapur y la India, reseñado por Kamakshi Puri, Conflict of Laws.net, https://conflictoflaws.net/2023/which-law-governs-subject-matter-arbitrability-in-international-commercial-disputes/ Véase también Gary Born, International Arbitration: Law and Practice (The Hague: Kluwer International Law, 2012). Véase también "Guide to Mexican Arbitration Law", Supra nota 47.

96 Carabiber, *Recueil des Cours*, Vol. 99 (1960) p. 217. Véase también para la evolución en México de la docrina o principio "kompetenz-konpetenz": "The Mexican Courts and Arbitration: A New Partnership", Marco Tulio Venegas, en que se citan casos judiciales muy interesantes previos a la reforma de 2011 al Código de Comercio que reforzó dicha doctrina (artículos 1464 y 1465 del mismo), https://digitalcommons.wcl.american.edu/cgi/viewcontent.cgi?referer=https://www.google.com/&httpsredir=1&article=1007&context=ab

los tribunales sigan desarrollando precedentes que eviten los puntos de vista "parroquiales" en tratándose del arbitraje comercial internacional. De hecho, los tribunales de los Estados Unidos y de muchos otros países del mundo han ido construyendo lo que puede denominarse la "infraestructura" de la internacionalización de la norma jurídica utilizada en el proceso de reconocimiento de la validez de los laudos y acuerdos arbitrales que entran en el ámbito de aplicación de la Convención.[97]

Scherk v. *Alberto-Culver Co.*[98] representa un clásico ejemplo de cómo un tribunal evitó aplicar normas parroquiales a un acuerdo que era verdaderamente internacional. La cuestión de la arbitrabilidad en el contexto de la Convención implica una lucha doctrinal entre el arbitraje extranjero y las políticas nacionales.[99]

De hecho, el caso *Scherk* representa un paso crucial en el desarrollo ulterior del arbitraje comercial internacional. Alberto-Culver Co., empresa multinacional estadounidense constituida en el estado de Delaware, y Scherk, ciudadano alemán propietario de tres firmas de cosméticos constituidas con arreglo a las leyes de Alemania y Liechtenstein, firmaron un contrato en Viena (Austria) que preveía la venta de las firmas de Scherk, incluidos los correspondientes derechos de marca, a Alberto-Culver Co. La negociación del contrato se llevó a cabo en Estados Unidos, Alemania e Inglaterra. Aunque el contrato se firmó en Viena, la negociación se cerró en Suiza.[100]

Dicho contrato contenía una serie de garantías de que la propiedad de Scherk sobre las citadas marcas no estaba sujeta a gravamen alguno. También contenía una cláusula en la que se establecía que cualquier disputa

---

97 Véase Smedresman, *supra* nota 13, pág. 329. Véase también "El papel de los tribunales en relación al arbitraje comercial", 2023, *supra* nota 91. Véase también Alexis Morroe, "Arbitrabilidad del Derecho Antimonopolio desde la perspectiva europea y estadounidense, *Arbitraje,* revista de arbitraje comercial y de inversiones, Vol II, No. 1, 2009, pp. 81-138, "https://repositorioinstitucional.ceu.es/bitstream/10637/13224/1/Arbitrabilidad_Mourre_Arbitraje_2009.pdf

98 417 U.S. 506 (1974). Véase para un análisis de la jurisprudencia estadounidense al respecto, J.T. McLaughlin, "Arbitrability: Current Trends in the United States", Alb. L. Rev., 1996, p. 905. Véase también Mitsubishi Motors Corp. v. Soler Chrysler–Plymouth Inc., 473 U.S. 614, 105 S Ct 3346 (1985).

99 Véase Smedresman, *supra* nota 13, pág. 329.

100 Como vemos, se trata de un asunto con muchos contactos en el extranjero y en el que intervienen partes de distintas nacionalidades.

derivada del acuerdo sería sometida a arbitraje ante la Cámara de Comercio Internacional de París, Francia.[101]

Dado que parecía haber escasez en el inventario de Scherk de las marcas objeto de la venta, Alberto-Culver ofreció rescindir el contrato. Scherk rechazó dicha oferta y, a continuación, Alberto-Culver interpuso una demanda por daños y perjuicios ante un tribunal federal de distrito de Chicago, Illinois, alegando que las garantías constituían declaraciones materiales falsas y que, por tanto, se había infringido la disposición antifraude de la Ley del Mercado de Valores de 1934.[102] En respuesta, Scherk presentó una moción para suspender la acción a la espera de un arbitraje en Francia en virtud del acuerdo de las partes.

Para resolver el presente caso a favor de Alberto-Culver, el Tribunal de Distrito se basó en la decisión de la Suprema Corte en el caso *Wilko* v. *Swan*,[103] que sostuvo que una cláusula arbitral no impedía a un comprador de valores emprender acciones judiciales en lugar de un arbitraje; en resumen, que el acuerdo de arbitraje no era ejecutable. Para sostener esto, el Tribunal de Distrito se basó en la interpretación de la Ley de Valores de 1933[104] que en su sección 14 anula cualquier "estipulación o disposición para renunciar al cumplimiento de cualquier disposición de este subcapítulo". El Tribunal consideró que el acuerdo de arbitraje constituía una renuncia en virtud de las disposiciones de dicha sección 14. Así pues, según *Wilko*, los litigios derivados de un contrato de compra de valores no pueden resolverse mediante arbitraje.

La cuestión principal a la que se enfrentaba la Suprema Corte de EE.UU. era si la decisión de *Wilko* controlaba el presente caso. La opinión de la Corte, penetrada por el espíritu del caso *Bremen*[105] (mencionado anteriormente), fue que *Wilko* no se aplicaba a las transacciones con contratos predominantemente extranjeros. Por lo tanto, dicha Corte revocó las decisiones de los tribunales inferiores.

La Suprema Corte consideró que el contrato en cuestión en el caso *Scherk* era un "acuerdo verdaderamente internacional",[106] ya que *su objeto*

---

101 Scherk v. Alberto-Culver Co., 417 U.S. en 506, 509 n.1.

102 § 10 (b) 15 U.S.C. § 78j 1970.

103 346 U.S. 427 (1953).

104 814, 15 U.S.C. § 77n (1970).

105 Véase *supra* nota 92.

106 Scherk contra Alberto-Culver Co., 417 U.S. en 515.

"se refería a la venta de empresas comerciales organizadas con arreglo a las leyes de países europeos y situadas principalmente en ellos, cuyas actividades se dirigían en gran parte, si no en su totalidad, a los mercados europeos".[107] Dicha Corte indicó que un acuerdo de arbitraje "es, en efecto, un tipo especializado de cláusula de selección de foro que postula no sólo el *situs* de la demanda, sino también el procedimiento que se *utilizará* para resolver el litigio".[108]

La Suprema Corte insistió en la importancia de las disposiciones contractuales implicadas en el comercio internacional, considerando que la preservación del foro nacional considerada esencial en *Wilko* era irrelevante en un caso como el de *Scherk*, en el que parecía inevitable litigar en varios foros.

La Suprema Corte declaró además que "sin leer la cuestión de si la Convención... exigiría por su propia fuerza que el acuerdo de arbitraje fuera ejecutado..., pensamos que la ratificación de la Convención por este país... proporciona una prueba fuertemente persuasiva de la política del Congreso coherente con la decisión que alcanzamos hoy".[109]

El espíritu de la Convención fue efectivamente tenido en cuenta por la Suprema Corte al decidir sobre la validez del acuerdo de arbitraje. El acuerdo fue reconocido por la Corte como una cláusula de arbitraje internacional válida y, por tanto, ejecutable. Tal reconocimiento es precisamente el objetivo de la Convención de Nueva York.

Para que la Convención sea eficaz, los tribunales de los Estados contratantes deben reconocer las cláusulas de arbitraje internacional, rechazando las interpretaciones "parroquiales" de la arbitrabilidad de los acuerdos de arbitraje, como ya sucede hoy en día en general.

Como hemos dicho antes, la Suprema Corte, al decidir este caso, no aplicó las políticas públicas implicadas en el caso *Wilko*. De hecho, no tomó en consideración las leyes sobre valores de los Estados Unidos. Parece claro

---

107 *Id.* en 513.

108 *Id.* en 519. En este caso, el tribunal reconoció que, en determinadas circunstancias, la ley del procedimiento es la del país en el que tiene lugar el arbitraje. Sin embargo, en el presente caso las partes eligieron las leyes del estado de Illinois como leyes que rigen la interpretación del acuerdo.

109 *Id.* en 521. Aunque la Suprema Corte en el presente caso no abordó expresamente la cuestión de la Convención de Nueva York, sin embargo el espíritu de dicho tratado iluminó todo el razonamiento de la Corte.

que la Suprema Corte en el presente caso, no se pronunció sobre la arbitrabilidad del litigio con arreglo a la legislación estadounidense "pura". Puesto que el objeto de la disputa no era aparentemente arbitrable bajo las leyes de los Estados Unidos, la Corte tuvo que basarse en la idea del carácter internacional del acuerdo para evitar dichas leyes. Sin embargo, es importante mencionar que la cuestión de si el acuerdo estaba fuera del alcance de las leyes estadounidenses sobre valores no fue considerada directamente por el alto tribunal.[110]

A pesar de que la Suprema Corte no tenía intención de llegar a una cuestión tan crucial,[111] el resultado del caso nos lleva a la conclusión de que *Scherk* constituye efectivamente una limitación real al alcance de las políticas legislativas nacionales de los Estados Unidos de América, y un precedente clásico en la materia.[112]

La opinión disidente del Juez Douglas[113] muestra que la verdadera cuestión en el presente caso era si la ley estadounidense regía la arbitrabilidad del acuerdo de arbitraje. Afirmó en su opinión disidente que las leyes de EE.UU. efectivamente regían el caso y además que no había "ninguna excepción para los tratos fraudulentos que incidentalmente tienen algunos factores internacionales".[114]

Al llegar a sus conclusiones, la Suprema Corte no detalló sus argumentos en apoyo de la validez del acuerdo de arbitraje. Sin embargo, el mismo alto tribunal al reconocer la arbitrabilidad de las disputas, estableció las ideas básicas que representan el inicio de una innovadora doctrina legal que respalda el arbitraje comercial internacional.

Por lo tanto, podemos deducir del contexto de la decisión de la Suprema Corte un conjunto de principios que realmente significaron las primeras páginas de una doctrina sólida que ilumina en los Estados Unidos la cuestión de la arbitrabilidad en los acuerdos internacionales.

La Suprema Corte, en *Scherk,* al evitar puntos de vista parroquiales a la hora de decidir sobre la cuestión de la arbitrabilidad, rompió una fuerte tradición de aplicar siempre el derecho público del país a todos los casos que caen bajo la jurisdicción de los tribunales estadounidenses.

---

[110] 417 U.S. 506, 516 n.9 (1974).

[111] *Ibid.*

[112] Véase Smedresman, nota 13 *supra,* en 335.

[113] 417 U.S. 506, 521 (1974).

[114] *Id.* en 534.

Esta tendencia tradicional no fue sólo una característica de los tribunales estadounidenses, sino de la mayoría de los países del planeta. El desarrollo de los sistemas jurídicos debe ser paralelo al desarrollo de las estructuras sociales y económicas del mundo. Los legisladores tienen la responsabilidad de reconocer los cambios radicales en el campo del comercio internacional. El comercio internacional requiere el proceso de arbitraje como medio idóneo, como alternativa eficaz para resolver disputas comerciales internacionales.

Como dijimos antes, podemos deducir de la sentencia de la Suprema Corte en el asunto *Scherk,* una serie de lecciones que tal vez por precaución fueron "ocultadas" por dicho alto tribunal al resolver el presente asunto.

Las "lecciones ocultas" más importantes[115] que, de hecho, pueden muy bien transformarse en principios de doctrina jurídica son las siguientes:

> Las leyes federales sobre valores no se tuvieron en cuenta en un caso en el que se trataba de una transacción con muchos factores internacionales o extranjeros. El papel desempeñado por la idea de contactos extranjeros o internacionales es muy importante cuando los tribunales deben decidir sobre la arbitrabilidad de los acuerdos y también sobre la ley que debe aplicarse. Esto es así porque la cuestión de la arbitrabilidad siempre está vinculada al derecho público de los Estados contratantes.[116]

1) Las leyes públicas sólo son aplicables cuando la transacción en disputa tiene una conexión sustancial con el estado al que pertenecen estas leyes. Los tribunales deben considerar este hecho al decidir sobre la cuestión de la ley aplicable que rige la arbitrabilidad del acuerdo.
2) *Scherk* representa una limitación al alcance del derecho público estadounidense. Esto es así porque el Tribunal Supremo, al reconocer que la transacción implicada en este caso tenía vínculos sustanciales con muchos foros extranjeros, permite concluir *a contrario sensu* que dicha transacción no estaba estrechamente conectada con los Estados Unidos. Por lo tanto, un acuerdo de arbitraje internacional conectado con muchos foros era ejecutable cuando el acuerdo nacional correspondiente no sería ejecutado por los tribunales estadounidenses.[117]

---

[115] La expresión "lecciones ocultas" se utiliza para significar que tales lecciones no fueron expresamente dadas o detalladas o desarrolladas por el Tribunal Supremo al decidir sobre *Scherk.*

[116] Véase Smedresman, nota 13 *supra* en 336.

[117] Véase International Commercial Arbitration Seminar, otoño de 1980. Materiales Multilith del Profesor Arthur von Mehren, en 151.

3) *Scherk* sienta las bases iniciales para abordar los casos que están por venir en materia de arbitraje comercial internacional. Los tribunales de los Estados contratantes deben aplicar las *normas internacionales* de orden público en lugar de sus propias normas nacionales, que pueden ser "indebidamente restrictivas",[118] cuando se trate de la validez de acuerdos de arbitraje que entren en el ámbito de aplicación de la Convención.[119]

Las lecciones dadas por el Tribunal Supremo en *Scherk* son muy importantes teniendo en cuenta que el artículo 2°, párrafo 1, de la Convención de Nueva York no indica la ley bajo la cual debe regirse la cuestión de la arbitrabilidad. Así, en determinadas circunstancias, los tribunales de los Estados contratantes pueden basarse en la norma de conflicto de leyes contenida en el artículo 5°-2a de la Convención para tratar dicha cuestión. Esta disposición permite a los tribunales aplicar *la lex fori* en los casos relativos a la cuestión de la arbitrabilidad en la fase de reconocimiento y ejecución de los laudos arbitrales extranjeros.[120]

Esta norma contenida en el artículo 5°-2a de la Convención sólo puede ser tomada en consideración por los tribunales si éstos consideran que la operación correspondiente tiene contactos sustanciales con la ley del *foro.*[121] De lo contrario, el espíritu de *Scherk* y, de hecho, el espíritu de la Convención, podrían verse frustrados.

Otra ley que los tribunales pueden tener en cuenta a la hora de tratar la arbitrabilidad de las disputas en transacciones en las que intervienen factores extranjeros es la ley que rige el fondo del acuerdo,[122] ya sea deter-

---

118 Aksen, nota 51 *supra* en 349.

119 También se aplicó una norma internacional en la fase de ejecución de los laudos arbitrales en Parsons & Whittemore Overseas Co., Inc. v. Societé Generale de l'Industrie du Papier (RATKA), 508 F.2d 969 (2d Cir. 1974).

120 Véase Quigley, nota 12 *supra* en 1064.

121 Véase B.V. Bureau Wijsmuller v. U.S.A., 487 F. Supp. 156 (S.D. Nueva York 1979).

122 El derecho procesal no está en juego en este caso, ya que en general se aplica a la cuestión de la competencia entre tribunales y árbitros. Sin embargo, en Carters Ltd. v. Francesco Ferraro (Sentencia de 20 de febrero de 1975. Corte di Appello di Napoli, Italia) (1979) 4 Y.B. Int. Comm. Arb. Consejo Internacional de Arbitraje Comercial), el tribunal ejecutó un laudo arbitral, sosteniendo que el asunto era susceptible de solución mediante arbitraje en virtud del artículo 808 del C.C.P. italiano. Véase también Smedresman, nota 13 *supra* en 338. Ver también Teruo Doi, "International Commercial Arbitration in Japan", en Sanders, Arbitraje Internacional: Liber Amicorum para Martin Domke 65, 70 (1967).

minada por las partes o por otros factores como el lugar del arbitraje o el lugar donde se firmó o realizó el acuerdo de arbitraje.

Podemos concluir con la cuestión de la arbitrabilidad diciendo que para que la Convención sea eficaz, los tribunales de los Estados contratantes deben evitar aplicar leyes, ya sean extranjeras o nacionales, ya estén determinadas por las partes del acuerdo o por otros factores que reflejen interpretaciones "parroquiales" del arbitraje comercial internacional. Es muy importante tener en cuenta que los problemas que en su momento surgieron en el ámbito del arbitraje internacional se debieron en gran medida como se ha dicho, "a que la comunidad internacional no se había enfrentado completamente a las realidades del mercado internacional y no habían realizado ajustes en su política".[123]

"NULIDAD" DEL CONVENIO ARBITRAL (ARTÍCULO 2º, PÁRRAFO 3)

Recapitulando, según el artículo 2º de la Convención de Nueva York, el reconocimiento de los acuerdos de arbitraje puede impugnarse por los siguientes motivos:

1) No *arbitrabilidad* del litigio correspondiente. El asunto debe poder resolverse mediante arbitraje. Antes nos hemos referido a este motivo como la cuestión de la *arbitrabilidad* (artículo 2º, párrafo 1).
2) El acuerdo de arbitraje no cumple los requisitos formales establecidos en la Convención. Llamamos a esto la cuestión de la validez formal del acuerdo (artículo 2º, párrafo 2).

---

123 Arden C. McClelland, 5 North Carolina J. of Int'l and Commercial Regulation, 170, 171. Véase Souvik Ganguly, Renjith Nair y Karan Vin, "Arbitrability of Disputes: a New Face to the Composite Approach", Acuity Law, (2013), https://www.acuitylaw.co.in/publication-and-news/arbitrability-of-disputes-a-new-face-to-the-composite-approachh. Véase también https://www.lexology.com/library/detail.aspx?g=83966d1b-5c69-416b-ac54-591f50f5ecf7. Véase también Bernard Hanotiau, "The Law Applicable to Arbitrability", Singapore Academy of Law Journal, Vol. 26 (2014), 874-885. Véase también https://journalsonline.academypublishing.org.sg/Journals/Singapore-Academy-of-Law-Journal-Special-Issue/e-Archive/ctl/eFirstSALPDFJournalView/mid/513/ArticleId/336/Citation/JournalsOnlinePDF

3) Nulidad del convenio arbitral. Los tribunales pueden declararlo "nulo, inoperante o inaplicable".[124]

Así, estamos ante un convenio arbitral válido cuando la controversia es susceptible de solución mediante arbitraje, cuando dicho convenio cumple con los requisitos formales establecidos en el artículo 2° de la Convención y, finalmente, cuando el convenio arbitral no es "nulo, ineficaz o inaplicable" en los términos del artículo 2°, párrafo 3 de la Convención.

Nos ocuparemos en esta parte del libro de los problemas derivados de la tercera causa. Hay que recordar que el problema de la nulidad del convenio arbitral está relacionado con dicho convenio en sí mismo y no con la relación jurídica (contractual o no) que subyace al convenio.[125]

Para que los tribunales no remitan a las partes a arbitraje de acuerdo con el artículo 2°, párrafo 3 de la Convención, el acuerdo correspondiente debe considerarse "sustancialmente inválido".[126] El término "sustancialmente inválido" se utiliza para enfatizar la idea de que la cuestión de la invalidación tiene que ver con el acuerdo de arbitraje en sí mismo y no con el contrato subyacente. También se utiliza en contraposición al concepto de validez "formal" de los acuerdos de arbitraje que entran en el ámbito de aplicación del artículo 2°, párrafo 2 de la Convención.

Según el texto del artículo 2°, párrafo 3, como antes se señaló, los acuerdos de arbitraje se considerarán válidos a menos que se demuestre que son "nulos, inoperantes o inaplicables". Por lo tanto, existe una presunción legal de validez a favor de este tipo de acuerdos, lo que significa que la oposición a su reconocimiento debe probarse estableciendo la aplicabilidad de las excepciones.

Además, los tribunales pertenecientes a los Estados contratantes están impedidos para evitar el cumplimiento de la Convención argumentando

---

[124] Este motivo incluye la cuestión de si una disputa entra dentro del ámbito del acuerdo de arbitraje. Véase Comment, *International Commercial Arbitration and the amended Federal Arbitration Statute,* 47 Washington Law Review 441, 464 (1972). Véase un interesante caso mexicano en que el tribunal señaló que el hecho de que una de las partes no pudiera pagar los gastos del arbitraje, no era suficiente para declarar inaplicable el acuerdo de arbitraje, Tercer Tribunal Colegiado del Primer Circuito en Materia Civil, diciembre de 2005, I.3o.C.522 C, registrado bajo el N° 176594, citado en "Guide to Mexican Arbitration Law", *supra* note 47.

[125] Véase Prima Paint Corp. contra Flood & Conklin Manufacturing Co. 388 U.S. 395 (1967).

[126] Smedresman, nota 13 *supra* en 327.

a favor de normas de derecho interno que invaliden los acuerdos de arbitraje. Sólo aquellas excepciones contempladas en el artículo 2º o en el Artículo 5º, según lo en su momento señalado, pueden ser remitidas a los tribunales para el análisis de los acuerdos arbitrales.[127]

La cuestión de la nulidad está relacionada con la sustancia del acuerdo de arbitraje y no con las formalidades del mismo ni del procedimiento arbitral. Esta idea debe ser tenida en cuenta por los tribunales, en su caso, a la hora de determinar la ley aplicable que ha de regir la cuestión de si el acuerdo de arbitraje es "nulo, inoperante o inaplicable".[128]

El tercer párrafo del artículo 2º de la Convención de Nueva York no indica la ley que rige dicha cuestión. Puede argumentarse que esta omisión se debió al hecho de que el artículo 2° se incluyó en el texto de la Convención el último día de la conferencia, como hemos indicado anteriormente. Sin embargo, según Smedresman[129] la omisión obedece al propósito de los redactores de la Convención que era no aventurarse en muchas normas de Derecho internacional Privado. Para él, éste fue el consenso que prevaleció en la Conferencia de Nueva York. Así pues, la investigación sobre la ley aplicable a la cuestión de la invalidación parece dejarse en manos de los tribunales de los Estados contratantes.[130]

Según algunos autores, como Quigley[131] y Pisar,[132] los tribunales, al tratar este asunto, respetarán presumiblemente la ley especificada por las partes en el acuerdo y, a falta de elección de ley, los tribunales podrán aplicar libremente sus propias normas de conflicto.

---

127 Véase Sentencia de 20 de mayo de 2010, Tribunal Supremo de Canadá, Canadá (2010) Yugraneft Corp. contra Rexx Management Corp., 2010 SCC 19, [2010] 1 S.C.R. 649; "La Convención de Nueva York fue adoptada en 1958 por la Conferencia de las Naciones Unidas sobre Arbitraje Comercial Internacional. El propósito de la Convención es facilitar el reconocimiento transfronterizo y la ejecución de los laudos arbitrales mediante el establecimiento de un conjunto único y uniforme de normas que se aplican en todo el mundo. Exige que cada Estado contratante reconozca y ejecute los laudos arbitrales dictados en el territorio de otro Estado, y que el reconocimiento y la ejecución sólo puedan denegarse por los motivos limitados establecidos en el art. 5º...".

128 Artículo 2, apartado 3 de la Convención de Nueva York, 330 U.N.T.S. 38.

129 *Supra* nota 13 en 325. Véase Mertcan Ipek, nota 50 supra, en 698, 708, 711 y 712.

130 Véase Contini, nota 12 *supra,* en 296.

131 *Supra* nota 12 en 1064.

132 Samuel Pisar, nota 51 *supra,* 219, 222.

Por su parte, Giuseppe Mirabelli,[133] opina que no parece lógico que los tribunales juzguen la validez del acuerdo de arbitraje con arreglo a la ley elegida por las partes en el mismo acuerdo cuya validez precisamente se impugna. Afirma que, si el acuerdo de arbitraje es inválido, la elección de la ley también lo será.[134]

La determinación de la ley aplicable a efectos del tercer párrafo del artículo 2° de la Convención debe ser contractual.[135] Pero discrepamos de la opinión de Mirabelli sobre el papel de la elección de la ley hecha por las partes en el acuerdo. Los acuerdos de arbitraje pueden ser declarados nulos por los tribunales en virtud de la ley elegida precisamente por dichas partes. Pensamos que dicha elección debe ser tenida en cuenta por los tribunales al decidir sobre la cuestión de si el acuerdo de arbitraje es nulo o inválido, inoperante o incapaz de resolverse mediante arbitraje. Esto es así porque como hemos indicado anteriormente, la determinación de la ley aplicable en esta fase —reconocimiento y ejecución de los acuerdos de arbitraje— debe ser contractual.[136] En la mayoría de los casos, la ley elegida por las partes en relación con el acuerdo de arbitraje coincide con la ley que rige la sustancia del contrato principal.[137] Por lo tanto, la elección de la ley por las partes puede ser una *referencia* muy útil para los tribunales a la hora de decidir, en su caso, sobre la validez del acuerdo de arbitraje. Esta consideración de la elección de la ley por las partes encuentra apoyo analógico en las normas de conflicto contenidas en el artículo 5°,1a de la Convención que son aplicables en la fase de reconocimiento de los laudos arbitrales.[138]

El artículo 5°-1a de la Convención establece que "solo se podrá denegar el reconocimiento y la ejecución de la sentencia, a instancia de la parte contra la cual es invocada, si esta parte prueba ante la autoridad competente del país en que se pide el reconocimiento y la ejecución:

> a) Que las partes en el acuerdo a que se refiere el artículo 2 estaban sujetas a alguna incapacidad en virtud de la Ley que le es aplicable o que *dicho acuerdo no es valido en virtud de la Ley a que las partes lo han sometido,* o si nada se hubiera indicado a este respecto, en virtud de la Ley del país en que se haya dictado la sentencia; o...".

---

133 *Supra* nota 26 en 368 y 369.

134 Mirabelli, nota 26 *supra.*

135 Véase, por ejemplo, Smedresman, nota 13 *supra* en 327.

136 *Ibid.*

137 *Ibid.*

138 Véase Born, nota 1 *supra,* en 121.

Por lo tanto, la validez de los acuerdos de arbitraje se rige, según esta disposición, por la ley:

1) a la que las partes la han sometido (principio de autonomía de las partes);
2) del país donde se dictó el laudo (principio *qui elegit iudicem elegit ius*).

Parece claro que el principio de autonomía debe ser tenido en cuenta por los tribunales en la fase de reconocimiento de los acuerdos de arbitraje extranjeros, a menos que los tribunales consideren que dicha ley no tiene ninguna conexión relevante con la esencia del acuerdo.

El artículo 5°-1a también establece que los tribunales aplicarán, a falta de elección de ley por las partes, la ley del país donde se haya dictado el laudo. Es importante mencionar aquí que el Comité de Derecho Internacional Privado[139] explicó que esta norma de conflicto de leyes (*qui elegit iudicem elegit ius*) corresponde a la norma inglesa que establece que la ley sustantiva aplicable al contrato principal es, en general, la de la sede del arbitraje.

Sin embargo, como señala Smedresman,[140] en el Derecho inglés dicha norma ya no es inflexible. En el caso *James Miller*[141] la máxima *qui elegit iudicem elegit ius* fue invertida por el tribunal. Aunque las partes del acuerdo de arbitraje en el presente caso eligieron Escocia como sede del arbitraje, sin perjuicio de lo cual el tribunal consideró que la ley inglesa regía la sustancia del acuerdo de arbitraje. Así, puede ocurrir que la ley que rige la sustancia del acuerdo de arbitraje no coincida con la ley de la sede del arbitraje, ya que la ley de la sede puede no tener conexión relevante alguna con la sustancia de dicho acuerdo.

Por lo tanto, la segunda norma de conflicto contenida en el artículo 5°,1a de la Convención puede no ser útil cuando los tribunales resuelven la cuestión de la invalidación de los acuerdos de arbitraje. En los recientes casos *Enka contra Chubb*, y *Kabab-Ji SAL contra Kout Food Group*, el Tribunal Supremo inglés sostuvo que en ausencia de una elección expresa de ley, la ley que rige la validez del acuerdo de arbitraje es la ley del contrato subyacente.[142]

---

139 Comité de Derecho Internacional Privado, Quinto Informe Comd. 1515 (1961).

140 Smedresman, nota 13 *supra* en 326.

141 James Miller & Partners Ltd. v. Whitworth Street States (Manchester) Ltd. 1970 AC 583 Rev'q 1969, 1 W.L.R. 337. Citado por Smedresman, nota 13 *supra* en 327.

142 Véase "The law governing the validity of an arbitration agreement under English Law", Stephenson Harwood (2022), https://www.shlegal.com/news/the-law-governing-

Además, se podría argumentar[143] que esta norma de conflicto del artículo 5°, 1a es inoperante en la fase de reconocimiento de los acuerdos de arbitraje ya que dicha norma se refiere al estado en el que se dictó el laudo, y en dicha fase todavía no se ha dictado ningún laudo.[144] En este punto, lo que es muy importante tener en cuenta es que la determinación por parte del tribunal de la ley que rige la cuestión de la invalidación de los acuerdos de arbitraje debe ser contractual. Los tribunales tienen que descubrir qué ley rige la sustancia de dichos acuerdos. Los tribunales de los estados contratantes, como hemos mencionado antes, pueden aplicar *la lex fori* si encuentran que el acuerdo de arbitraje correspondiente tiene suficientes contactos con dicha *lex fori*.

Samuel Pisar[145] opina que "sólo cuando las partes no han elegido una ley... deben ser operativos los factores normales de conexión de las normas de conflicto de leyes del foro".[146] A este respecto, el Convenio Europeo de 1961 contiene una norma que establece que si no existe una disposición de elección de ley por las partes en el acuerdo de arbitraje o si los tribunales no pueden determinar el país en el que debe dictarse el laudo, los tribunales pueden tener en cuenta la ley aplicable "en virtud de las normas de conflicto del tribunal que conoce del litigio".[147]

En el caso *Fuller*,[148] un caso que en parte se ha comentado anteriormente, el tribunal decidió que era competente en virtud de la Convención de Nueva York y del artículo 202 de la Ley de Arbitraje de Estados Unidos.[149]

Después de haber decidido sobre la cuestión de la jurisdicción y la cuestión del ámbito de aplicación de la Convención, el tribunal comenzó a tratar la cuestión de si debía concederse una suspensión de los proce-

---

the-validity-of-an-arbitration-agreement-under-english-law#:~:text=English%20law%20approach,-In%20summary%2C%20the&text=The%20court%20referred%20to%20its,law%20of%20the%20lying%20contract.

143 Véase Smedresman, nota 13 *supra*, pág. 328.

144 Esta interpretación se habría evitado si los redactores del artículo 5°,1a de la Convención hubieran utilizado la expresión "donde deba dictarse la sentencia". Véase, por ejemplo, el Convenio europeo sobre arbitraje internacional com. Arb. de 1961, artículo VI, párrafo 2, 484 U.N.T.S. 340.

145 Pisar, nota 51 *supra* en 222.

146 *Ibid.* Véase también Quigley, nota 12 *supra* en 1064.

147 *Ibid.*

148 Fuller Co. V. Compagnie des Bauxites de Guinée, 421 F. Supp. 938 (1976).

149 Título 9, U.S.C. 81-14-84 Stat. 692.

dimientos judiciales. De conformidad con el artículo 2°, párrafo 3, de la Convención, los tribunales de los Estados contratantes deben someter a las partes a arbitraje a menos que dichos tribunales declaren el acuerdo "nulo, ineficaz o inaplicable".[150] En este caso, el tribunal tenía que decidir si el acuerdo de arbitraje era o no operativo o, en otras palabras, si la disputa entraba o no en el ámbito de dicho acuerdo.[151]

Para decidir sobre esta cuestión, el tribunal analizó las posibles interpretaciones de los efectos de la reunión.[152] Según *Fuller*, se llegó a un acuerdo sobre todos los litigios relativos al contrato principal. Por otro lado, el demandado negó la existencia de tal acuerdo final. El tribunal encontró cuatro posibles interpretaciones:

1) una solución definitiva de todos los litigios (precedente de Fuller);
2) una modificación del contrato original relativa a la responsabilidad de *Fuller* por los supuestos defectos descritos en el certificado provisional;
3) sólo una discusión sobre la redacción del certificado mencionado;
4) una discusión general del problema sin que las partes lleguen a ningún acuerdo.[153]

¿Estaban las cuatro posibles interpretaciones cubiertas por el ámbito de aplicación del acuerdo de arbitraje? El acuerdo decía: "en caso de que surja cualquier controversia derivada de la interpretación o ejecución del contrato, las partes acuerdan resolver dichas controversias mediante arbitraje, de conformidad con las normas... el arbitraje tendrá lugar en Ginebra".[154]

---

[150] Artículo 2, apartado 3, de la Convención de Nueva York.

[151] Es importante tener en cuenta que puede haber muchas razones para considerar un acuerdo de arbitraje "nulo, inoperante o inaplicable". Una de ellas es que la controversia correspondiente no esté contemplada en el convenio arbitral o, dicho de otro modo, que la controversia no esté incluida dentro del objeto sometido a arbitraje. No se trata de un caso de arbitrabilidad. En este tipo de casos el objeto es susceptible de solución mediante arbitraje. Lo que está en juego es el alcance de la propia cláusula arbitral. La cuestión aquí es si una disputa específica está dentro del alcance del acuerdo. Véase IV 1979 Y.B. Comm. Arb. en 305 (Consejo Internacional de Arbitraje Comercial). Véase nota 85 *supra,* relativa a artículo acerca de la validez del acuerdo de arbitraje con citas de varios casos de muchos países. Véase también caso en que

[152] Los hechos de este caso se describen en las páginas 15 y stes., de este libro.

[153] Fuller, 421 F. Supp. 946.

[154] *Ibid.*

Al interpretar la cuestión del alcance del acuerdo de arbitraje, el tribunal tuvo que determinar qué ley regía dicha cuestión. El tribunal aplicó el derecho sustantivo de Pensilvania ya que ese derecho era el único que tenía una conexión razonable con la transacción.[155]

En virtud de dicha ley, si existe una duda sobre si un acuerdo de arbitraje puede interpretarse para cubrir la disputa correspondiente, los tribunales deben resolver a favor del arbitraje.[156] El tribunal consideró que el acuerdo de arbitraje era lo suficientemente amplio como para cubrir la disputa. De acuerdo con la ley de Pensilvania, sólo un nuevo contrato pone fin a la vigencia de un acuerdo de arbitraje amplio.[157] Los árbitros debían decidir si las partes habían celebrado o no un nuevo contrato en la reunión mencionada.

En resumen, la cuestión de si la disputa correspondiente entraba dentro del ámbito del acuerdo de arbitraje fue decidida positivamente por el tribunal. De conformidad con el artículo 2°, párrafo 3, de la Convención, el tribunal estaba facultado para decidir sobre dicha cuestión.

De acuerdo con el artículo 2°, párrafo 3, los tribunales de los Estados contratantes deben remitir a las partes a arbitraje a menos que consideren que el acuerdo de arbitraje sea inválido o inoperante, como se ha venido señalando. En el caso *Fuller*, el tribunal correspondiente consideró que el acuerdo era válido y operativo.

En este caso, como ya se ha dicho, la ley que se aplicó fue la ley sustantiva de Pensilvania, la ley del foro. Al hacerlo, el tribunal no tuvo en cuenta la elección de ley hecha por las partes. En otras palabras, las normas contenidas en el artículo 5°,1a de la Convención que podrían haberse aplicado, como hemos dicho antes, fueron ignoradas por el tribunal. Se decidió así porque el tribunal consideró que la ley elegida por las partes en el acuerdo no tenía ninguna conexión sustantiva con la transacción. Esta sentencia confirma las opiniones que defendíamos anteriormente en este capítulo.

Como ya se ha mencionado, el tercer párrafo del artículo 2° de la Convención de Nueva York no impone a los tribunales ninguna elección de ley. Por tanto, no están vinculados por ningún principio rígido de Derecho Internacional Privado.

---

155 *Ibid.* Esta sentencia confirma la idea de que en esta fase la elección de la ley debe ser contractual. También confirma la importancia del concepto de la prueba de los contactos pertinentes.

156 *Id.* en 948.

157 *Ibid.*

En el caso *Ferrara*[158] el tribunal indicó que la aplicabilidad de los acuerdos de arbitraje se rige por la ley federal.[159] Además, el tribunal en dicho caso declaró que dado que el artículo 2° de la Convención de Nueva York, en contraste con el artículo 5° de la misma convención, no establece ninguna norma de conflicto, parece que los redactores de la Convención tuvieron la intención de imponer a las partes contratantes un entendimiento amplio para dar efecto a los acuerdos de arbitraje.

En *Fuller* las posibles alternativas que tenía el tribunal en cuanto a la ley aplicable eran:

1) la ley del procedimiento (reglamento de conciliación y arbitraje de la Cámara de Comercio Internacional)
2) la ley elegida por las partes (ley de Nueva York)
3) la ley del foro (ley de Pensilvania)

Como hemos mencionado antes, la ley del foro fue la elegida para regir la cuestión de la validez sustancial del acuerdo de arbitraje. Al hacerlo, el tribunal demostró claramente que deseaba promover el arbitraje, ya que la ley de Pensilvania tiene una política muy favorable al arbitraje.[160]

En *Becker Auto Radio* contra *Becker Auto Radio Werk GmbH*,[161] un caso similar a *Fuller*, el tribunal sostuvo que la cuestión de la validez del acuerdo de arbitraje es una cuestión de derecho sustantivo federal, a pesar de que en dicho caso las partes habían sometido el acuerdo de arbitraje al derecho alemán. Este caso se refería a la cuestión de si existía un acuerdo verbal para prorrogar el plazo del contrato de distribución en virtud del cual el demandante (una empresa estadounidense) tenía derecho a vender en Estados Unidos radios fabricadas por el demandado (una empresa alemana). El contrato fue firmado por las partes en 1974. Preveía su rescisión en junio de 1976. Las partes, sin embargo, acordaron la posibilidad de renegociar los términos y condiciones de dicho contrato.

El contrato mencionado contenía un acuerdo de arbitraje que preveía el arbitraje en Alemania con arreglo a la legislación alemana.

---

158 441 F. Supp. 778 (S.D.N.Y. 1977).

159 Véase también, Beromun A. v. Societa Industriale Agricola "Tresse", 471 F. Supp. 1163, 1164 y ss. (S.D.N.Y. 1979).

160 Fuller, 421 F. Supp. 947

161 585 F.2d, 39, 43 (3rd Cir. 1978).

Antes de la expiración del contrato original, las dos empresas entablaron negociaciones relativas a la renovación del contrato. Sin embargo, Becker Auto Radio (empresa estadounidense) interpuso una demanda ante un tribunal estadounidense alegando que la empresa alemana se había comprometido verbalmente a renovar el contrato de 1974. También alegó que la obligación de renovación no había surgido del contrato de 1974, sino del acuerdo verbal. Por lo tanto, según el demandante, el litigio no estaba cubierto por el acuerdo de arbitraje que formaba parte del contrato original.

La empresa alemana solicitó una suspensión de conformidad con la Sección 3 y la Sección 206, en su versión modificada, de la Ley de Arbitraje estadounidense.[162] La demandada alegó que el litigio se derivaba del contrato de 1974 y no del supuesto acuerdo verbal. En resumen, el tribunal sostuvo que cuando la disputa se refiere a si hubo un acuerdo para renovar la validez de un contrato y la supuesta renovación se produjo antes, y no después, de la expiración del contrato original, el acuerdo de arbitraje era aplicable y, por tanto, operativo y válido.[163] En un caso inglés muy interesante,[164] una de las partes de un acuerdo interpuso una demanda ante un tribunal inglés, a pesar de la existencia de una cláusula de arbitraje válida.

La parte recalcitrante alegó que debía denegarse una orden de suspensión de la acción basándose en que el demandado carecía de recursos financieros para satisfacer un posible laudo en su contra y, por tanto, el acuerdo de arbitraje era por tal motivo "incapaz de ser ejecutado".[165]

La cuestión crucial en este caso era si un acuerdo de arbitraje es "inejecutable" cuando la situación financiera del demandado es tal que, en caso de dictarse un laudo en su contra, no podría cumplirlo.

Al decidir este caso, el tribunal mencionó que deben tenerse en cuenta los antecedentes de la Convención de Nueva York. Afirmó que "es un requisito previo esencial para el reconocimiento y la ejecución de los laudos arbitrales que los propios acuerdos de arbitraje susceptibles de dar lugar a la emisión de dichos laudos sean previamente *reconocidos* y *ejecutados*".[166]

---

162 *Supra* nota 20.

163 Becker, 585 F.2d 40. Véase la sentencia de 22 de marzo de 1976. Tribunale di Milano, Italia (1977), 2 Y.B. Comm. Arb. (Consejo Internacional de Arbitraje Comercial).

164 El caso *Rena K* (1978), véase nota 11 *supra,* 1 Lloyd's Law Reports, pp. 545-563 (1979) 4 Y.B. Comm. Arb. (Consejo Internacional de Arbitraje Comercial).

165 Artículo 2, apartado 3, de la Convención de Nueva York.

166 Caso *Rena K,* notas 11 y 164 *supra.*

Si tuviéramos que resumir en un breve párrafo el contenido del artículo 2° de la Convención de Nueva York no dudaríamos en citar la magnífica explicación del espíritu del artículo 2 de la Convención, dada en el asunto *Rena K.*

El tribunal en el presente caso sostuvo que el contexto en el que se utiliza la expresión "incapaz de ser ejecutado"[167] es el contexto del reconocimiento de los propios acuerdos de arbitraje sin ninguna referencia al contexto del reconocimiento de los laudos. El tribunal añadió que:

> parece... que las palabras "incapaz de ser ejecutado" deben interpretarse en el sentido de que se refieren únicamente a la cuestión de si un acuerdo de arbitraje es susceptible de ser ejecutado hasta la fase en que da lugar a un laudo; y no deben interpretarse en el sentido de que se extienden a la cuestión de si, una vez dictado un laudo, la parte contra la que se dicta será capaz de satisfacerlo.[168]

Por lo tanto, el tribunal consideró que el acuerdo de arbitraje era susceptible de ser ejecutado. En este caso, el tribunal trató de evitar la frustración de los fines de la Convención de Nueva York preservando la viabilidad del acuerdo de arbitraje como medio de ejecución de futuros laudos arbitrales. En efecto, los acuerdos de arbitraje representan dicho medio esencial. Si se truncan también lo hacen los fines de la Convención. Es muy importante tener en cuenta que el acuerdo y el laudo son "aspectos estrechamente interrelacionados del proceso arbitral".[169] La comprensión de esta idea es crucial en el desarrollo del arbitraje comercial internacional.[170]

---

167 Artículo 2, apartado 3, de la Convención de Nueva York.

168 Caso *Rena K*, notas 11 y 164 *supra*. Para un estudio del "sesgo favorable a la aplicación", el carácter obligatorio de la Convención, véase Mertcan Ipek, "Interpretation of Article II(3) of the New York Convention", nota 50 *supra*.

169 Pisar, nota 51 *supra* en 220.

170 Para otros casos que involucran la cuestión de si el acuerdo de arbitraje es "nulo, inoperante o incapaz de ser ejecutado" ver Comentario, 47 Washington Law Rev. 441, 466-79. Véase también *Koch Shipping Inc.* v. *Associated Bulk Carriers*, Court of Appeals, 20 de julio de 1977 (1978) 1 Lloyd's Law Reports 24 (1979) 4 Y.B. Comm. Arb. (Consejo Internacional de Arbitraje Comercial), citado en lo sucesivo como el asunto *Koch*). Véase también: Lindo (Nicaragua) v. NCL (Bahamas), Ltd, (Bahamas), Tribunal de Apelaciones, Undécimo Circuito, Estados Unidos de América, 29 de agosto de 2011, 10-10367; Gas Authority of India, Ltd. v. SPIE-CAPAG, SA y otros, Tribunal Superior de Delhi, India, 15 de octubre de 1993, demanda No. 1440, IA, No. 5206; Automatic Systems Inc. v. Brackpell Corporation, Tribunal de Apelación de Ontario, Canadá, 17 de febrero de 1994. Para un mayor número de precedentes sobre este tema, véase: Secretaría de la CNUDMI, Guía relativa a la Convención sobre el Reconocimiento y la Ejecución de las Sentencias Arbitrales Extranjeras, nota 65 *supra*, https://newyorkconvention1958.org/pdf/guide/2016_NYCG_Spanish.pdf#page=55

Capítulo III
Efectos del arbitraje en virtud del Artículo 2 de la Convención de Nueva York

Como hemos mencionado anteriormente, el artículo 2°, párrafo 1, de la Convención de Nueva York contiene la obligación general de los Estados contratantes de reconocer la validez de los acuerdos de arbitraje. Por otro lado, el artículo 2°, párrafo 3, de la misma Convención precisa el contenido del párrafo 1, aclarando los efectos de dicho reconocimiento.

El principal efecto del reconocimiento de un acuerdo de arbitraje válido es precisamente la obligación de los tribunales de los Estados contratantes *de remitir* a las partes al arbitraje. Como veremos más adelante, no existe ningún poder discrecional en cuanto a esta remisión. Una vez que los tribunales consideran, en su caso y en última instancia, que un acuerdo de arbitraje no es inválido, tienen que cumplir con dicha obligación.

Hay muchos casos que apoyan la naturaleza obligatoria de la remisión contenida en el artículo 2°, párrafo 3, de la Convención de Nueva York.[171] En el caso *"Koch"*,[172] Bulk (una empresa inglesa) arrendó unos buques a Koch (una empresa estadounidense). El contrato correspondiente contenía una cláusula de arbitraje que preveía el arbitraje en Londres.

---

[171] Véase, por ejemplo, Nova Knit Ltd. v. Kaningarn Spinerei GmbH. All English Law Reports, parte 2, página 465 y ss. 1977. Véase el caso *Koch, supra* nota 170 y Siderius Inc. v. Co. de Acero del Pacífico S.A. 453 F. Supp. 22 (1979). Véase también: Grecon Dimter Inc. v. J.R. Normand Inc. and Scierie Thomas-Louis Tremblay Inc., Tribunal Supremo, Canadá, 22 de julio de 2005, 30217; Renusagar Power Co. Ltd. v. General Electric Company and anor, Supreme Court, India, 16 de agosto de 1984; Shin-Etsu Chemical Co. Ltd. v. Aksh Optifibre Ltd. Supreme Court, India, 12 de agosto de 2005; Ishwar D. Jain v. Henri Courier de Mere, Court of Appeals, Seventh Circuit, United States of America, 3 de abril de 1995, 94-3314; Aasma et al. v. American Steamship Owners Mutual Protection and Indemnity Association Inc. (EE.UU.), Tribunal de Apelación, Sexto Circuito, Estados Unidos de América, 29 de agosto de 1996, 94-3881, 94-3883; InterGen N.V. (Países Bajos) contra Grina (Suiza), Tribunal de Apelación, Primer Circuito, Estados Unidos de América, 22 de septiembre de 2003 (Guía de la Secretaría de la CNUDMI sobre la Convención sobre el Reconocimiento y la Ejecución de las Sentencias Arbitrales Extranjeras, nota 65 *supra*, pág. 58).

[172] Nota 170 *supra*.

Koch incumplió el contrato. Bulk interpuso una demanda ante un tribunal inglés. Koch, por su parte, solicitó la suspensión del procedimiento judicial alegando que existía un acuerdo de arbitraje válido.

El tribunal inferior concedió la moción, y el Tribunal de Apelación la confirmó. El tribunal sostuvo que el acuerdo de arbitraje era válido en virtud de la Convención de Nueva York y que, por tanto, la concesión de dicha suspensión era obligatoria. El tribunal dijo que, a diferencia de la Ley de Arbitraje de 1950 aplicable a los acuerdos de arbitraje nacionales, en virtud de la cual los tribunales tenían la facultad discrecional de conceder o no una suspensión, la Ley de Arbitraje de 1975,[173] por la que se aplica la Convención de Nueva York, impone a dichos tribunales la obligación de conceder dicha suspensión. Dicha Ley de 1975 fue sustituida por la actual de 1996 que impone la misma obligación a los tribunales ingleses.[174]

En el caso *Siderius*[175] se sostuvo que el artículo 2°, párrafo 3, obliga a los tribunales a remitir a las partes a arbitraje. El tribunal indicó que no hay nada que parezca discrecional en la redacción de dicha disposición.

Es muy interesante observar que aunque en ambos casos (*Koch* y *Siderius*) los tribunales correspondientes indicaron que el contenido del artículo 2°, párrafo 3, de la Convención era obligatorio, no obstante, en el caso inglés se concedió una suspensión y, por otra parte, en el caso estadounidense, se concedió una orden que obligaba al arbitraje. Esto nos lleva a la cuestión de si los tribunales deben conceder una suspensión del procedimiento, o una orden que obligue al arbitraje cuando se trata de acuerdos de arbitraje válidos que entran en el ámbito del artículo 2° de la Convención. Ambas maneras son consistentes con lo establecido en la Convención.[176]

Para Quigley[177] la idea del reconocimiento de los acuerdos de arbitraje cubiertos por la Convención no significa que el Estado contratante tenga que conceder un cumplimiento específico de dichos acuerdos, *obligando*

---

173 Ley de Arbitraje, 1975, c. 3&1, *Véase* Y.B. 111 (1978) Comm. Arb. U.K, n°1 en donde se cita íntegramente la sección 1, párrafo 1.

174 Véase https://www.legislation.gov.uk/ukpga/1996/23/section/9.

175 Siderius contra Co. De Acero, 453 F. Supp. 22.

176 Como se indica en la Guía mencionada en la nota 65 *supra*. En un caso en el que una de las partes del acuerdo invoca la ayuda del tribunal para obligar a la otra al arbitraje, dicha cuestión no está en juego. El problema surge cuando una de las partes interpone una demanda judicial a pesar de la existencia de una cláusula de arbitraje, y la otra invoca la cláusula como defensa.

177 Quigley, *supra* nota 12 en 1063 y 1064.

a las partes a someterse al arbitraje. Aksen comparte la misma opinión.[178] Para ellos, la obligación de los tribunales de remitir a las partes al arbitraje (artículo 2°, párrafo 3) puede satisfacerse técnicamente concediendo la suspensión del procedimiento correspondiente.

Interpretamos la expresión "someterá a las partes a arbitraje" contenida en el artículo 2°, párrafo 3, en el sentido de ordenar u obligar, aunque como antes se dijo, la otra manera de cumplir con la Convención en este tema también es válida. El sentido de ordenar transmite la idea de un cumplimiento específico del acuerdo. Así, en nuestra opinión, la obligación establecida en el artículo 2°, párrafo 3, de la Convención no es pasiva sino activa en el sentido de que se requiere una orden que obligue al arbitraje tal y como lo interpreta Mertcan Ipek.[179]

Un problema concomitante surge de la amplia redacción del artículo 2°, párrafo 3, de la Convención de Nueva York concerniente a la jurisdicción de los tribunales. La cuestión es si la jurisdicción de los tribunales de los Estados contratantes se mantiene o no cuando cualquiera de ellos concede una suspensión u obliga a las partes a someterse a arbitraje de conformidad con dicho artículo.[180]

En *Siderius,*[181] la demandada, Compañía de Acero (una empresa chilena), vendió acero a Siderius. Tras la llegada de dicho material a Esta-

---

[178] Aksen, nota 51 *supra,* en 350. Véanse casos de otorgamiento de suspensión del procedimiento: Hi-Fert Pty Ltd. v. Kuikiang Maritime Carriers Inc., Federal Court, Australia, 26 de mayo, 1998, NG 1100 & 1101 of 1997; Westco Airconditioning Ltd. v. Sui Chong Construction and Engineering Ltd, Court of First Instance, High Court of the Hong Kong Special Administrative Region, Hong Kong, 3 de febrero, 1998, No. A12848.

[179] Véase Mertcan Ipek, nota 50 *supra,* en 689. Véase también Pisar, nota 51*supra,* en 220. Véanse casos en dicho sentido: Société Sysmode S.A.R.L. et Société Sysmode France v. Société Metra HOS et Société SEMA, Court of Appeal of Paris, 8 de diciembre, 1988; Les Trefileries & Ateliers de Commercy v. Société Philipp Brothers France et Société Derby & Co. Limited, Court of Appeal of Nancy, 5 de diciembre, 1980; Fondation M v. Banque X, Federal Tribunal, Switzerland, 29 de abril, 1996.

[180] Parece claro que en un caso en el que se concede una suspensión se mantiene la jurisdicción del tribunal. Los procedimientos correspondientes quedan congelados hasta que concluya el arbitraje. Por otro lado, en los casos de una orden que obliga al respectivo demandante al arbitraje, la solución en cuanto a la jurisdicción no está clara. Ver Comentario International Comm. Arb. 47 Washington Law Rev. 441, 463.

[181] Siderius contra Co. de Acero, 453 F. Supp. 22.

dos Unidos, Siderius (el comprador) puso objeciones a la calidad del acero.

Para resolver el litigio, ambas partes suscribieron un acuerdo de arbitraje que preveía el arbitraje en Chile. La ley que regía el acuerdo era la ley del lugar del arbitraje. Según dicho acuerdo de arbitraje, Siderius sometió el litigio a los árbitros de Chile. Sin embargo, tras dicho sometimiento, Siderius interpuso una demanda en los Estados Unidos ante el Tribunal de Distrito de Nueva York.

La empresa chilena solicitó al tribunal una *orden* que obligara a Siderius a proseguir con el arbitraje que ya se había iniciado en Chile.

El tribunal accedió a la petición de Compañía de Acero por los siguientes motivos:

1) El acuerdo de arbitraje entraba en el ámbito de aplicación de la Convención de Nueva York (artículo 2°).
2) El tercer párrafo del artículo 2° de la Convención obliga al tribunal a someter a las partes a arbitraje.[182]
3) Existe una diferencia entre la *remisión* que exige el tercer párrafo del artículo 2° de la Convención y la *suspensión* que exige la Sección 3 de la Ley de Arbitraje de EE.UU (aplicable a arbitrajes nacionales).[183]

En este caso se declaró que una vez que un tribunal ha remitido a las partes a arbitraje, ni el artículo 2°, párrafo 3, de la Convención ni el artículo 206 de la Ley de Arbitraje de EE.UU.[184], que aplica dicho tratado, prevén una actividad jurisdiccional ulterior. En el caso de una suspensión, la jurisdicción del tribunal queda pendiente a la conclusión del proceso de arbitraje.[185]

En *Carolina Power & Light Company* v. *G.I.E. URANEX*[186] el tribunal sugirió que, el concepto de remisión no implica, necesariamente, que deje de existir la jurisdicción del tribunal.

---

[182] El tribunal sostuvo que no había nada discrecional en la remisión contenida en el artículo 2, apartado 3.

[183] 9 U.S.C.A. § 3 (1970).

[184] 9 U.S.C.A. § 206 (Supp. 1971).

[185] Se podría argumentar que, en la práctica, una suspensión es probablemente tan eficaz como una orden que obligue al arbitraje. Sin embargo, en teoría son conceptos técnicamente diferentes.

[186] 451 F. Supp. 1044, 1050 (N.D. Cal. 1977).

La derogada Ley sueca de 1929 relativa a los acuerdos o laudos arbitrales extranjeros[187] disponía en su artículo 3° que:

> Los tribunales suecos no serán competentes, en caso de objeción, para conocer de cualquier litigio que esté sujeto a un acuerdo de arbitraje extranjero, si el acuerdo es válido....[188]

Una interpretación plausible de la redacción de dicha Ley es que los tribunales no conservan su jurisdicción cuando obligan a las partes a someterse a arbitraje.

La Ley de Arbitraje de EE.UU.[189], en su sección 206 establece que:

> un tribunal competente en virtud de este capítulo *podrá* ordenar que el arbitraje se celebre de conformidad con el acuerdo en cualquier lugar previsto en el mismo, ya sea dentro o fuera de los Estados Unidos.

Esta sección exige claramente a los tribunales federales de EE.UU., que obliguen a las partes a someterse a arbitraje. En contraste con esta disposición, la Sección 3 de la misma ley,[190] que es aplicable a los acuerdos de arbitraje nacionales, establece que los tribunales "a petición de una de las partes *suspenderán* el juicio de la acción" en caso de una cláusula de arbitraje válida.

Por otro lado, la Sección 4 de dicha ley estadounidense[191] que también se aplica a los acuerdos de arbitraje nacionales, establece que los tribunales deben conceder una moción para obligar al arbitraje en determinados casos. Parece que la Sección 4 de la "U.S. Arbitration Act" es la contrapartida (en el ámbito interno del arbitraje) de la Sección 206 de la misma ley que, como se ha indicado anteriormente, es aplicable a los acuerdos que entran en el ámbito de aplicación de la Convención de Nueva York.

---

187 *Lago m Utlandska Skiljeautal och Skilljedomar,* 1929 n° 147 (modificada con efecto a partir del 1 de julio de 1976). Véase la actual Ley de Arbitraje sueca de 1999, modificada en 2019: https://www.acerislaw.com/international-arbitration-in-sweden/#:~:text=La%20Ley%20Sueca%20deArbitraje%20se%20aplica,iniciada%20después%201%20de%20marzo%202019.&text=La%20Ley%20Sueca%20deArbitraje%20contiene,que%2.

188 *Id.* (Sección 3).

189 9 U.S.C.A. § 206 (Supp. 1971).

190 9 U.S.C.A. § 3 (1970).

191 9 U.S.C.A. § 4 (1970).

Es importante advertir que el lenguaje utilizado en la sección 206 ("un tribunal competente… *podrá* ordenar que se celebre el arbitraje…") puede llevarnos a la conclusión de que dicha sección no es una norma imperativa sino discrecional. En nuestra opinión, ésta no es una interpretación correcta de la sección 206 de la Ley de Arbitraje de los Estados Unidos. Estas cuestiones tienen que ver con la validez de los acuerdos de arbitraje, tema que se analizó en el capítulo anterior.

En el caso *Siderius*[192] el tribunal hizo caso omiso de tal interpretación al dictaminar que una petición para obligar al arbitraje es obligatoria. Se ha dicho que "el lenguaje permisivo de la sección 206 significa que el tribunal no necesita obligar al arbitraje extranjero a menos que y hasta que haya considerado las cuestiones mencionadas en el Artículo 2 de la Convención…".[193]

Por lo tanto, de acuerdo con la sentencia en el caso *Siderius,* con las de los casos más recientes antes citados y con el lenguaje imperativo del artículo 2°, párrafo 3, de la Convención de Nueva York, el artículo 206 debe interpretarse como una disposición no discrecional, de lo contrario el espíritu de la Convención, concretamente el del artículo 2°, se vería frustrado.

Recapitulando, el artículo 2° de la Convención exige que los tribunales de los Estados contratantes obliguen a las partes a someterse a arbitraje cuando dichos tribunales estén conociendo de un acuerdo válido. Este es precisamente el principal efecto de la existencia de acuerdos de arbitraje en el contexto de la Convención de Nueva York.[194]

Otra cuestión estrechamente relacionada con los efectos de los acuerdos de arbitraje en virtud de las disposiciones de la Convención es el problema de las medidas provisionales, fundamentalmente el del proceso de embargo. La Convención de Nueva York no se refiere explícitamente a las medidas provisionales y conservatorias.[195] Está claro que si el acuerdo

---

192 453 F. Supp. 22.

193 Comentario, "International Comm. Arb." 47 Washington Law Review 441, 475 (1972).

194 El apartado 3 del artículo 2 deja la puerta abierta a las propias políticas de los Estados contratantes en cuanto a los efectos de la remisión sobre la jurisdicción de los tribunales.

195 Véase Hi-Fert Pty Ltd. contra Kuikiang Maritime Carriers Inc, Federal Court, Australia, 26 de mayo de 1998, NG 1100 & 1101 de 1997; Société Fieldworks-INC v. Société Erim, S.A. Logic Instrument et Société ADD-on Computer Distribution (A.C.D.), Tribunal de Apelación de Versalles, Francia, 4 de julio de 1996, 3603/96,

de arbitraje hace referencia a dichas medidas, los tribunales pueden ejercer su jurisdicción en apoyo de los acuerdos. Pero, ¿qué ocurre si no se hace referencia a disposiciones de dicha naturaleza? ¿Se puede recurrir al embargo en un caso cubierto por el artículo 2° de la Convención de Nueva York?

Ni el artículo 2° de la Convención, ni la legislación de los Estados Unidos que la implementa prevén una norma que afecte directamente[196] a la disponibilidad del embargo para garantizar bienes en casos pendientes de arbitraje.

El hecho de que los tribunales tengan que remitir a las partes al arbitraje no debe impedir que los tribunales concedan a las partes del acuerdo de arbitraje alguna protección legal específica, como la posibilidad de embargo. La orden de medidas provisionales no debe ser causa de incumplimiento de la Convención de Nueva York, ya que no afecta al fondo del litigio.[197]

En *McCreary Tire Rubber Co.* v. *CEAT S.P.A.*[198], el tribunal sostuvo que la posibilidad de embargo era incompatible con las disposiciones de la Convención de Nueva York, ya que el artículo 2°, párrafo 3, de dicha Convención establece que los tribunales de los estados contratantes "remitirán a las partes a arbitraje" en lugar de "suspender el juicio de la acción", como se utiliza en la Sección 3 de la Ley de Arbitraje de EE.UU.[199]

Una interpretación plausible del razonamiento subyacente en el caso *McCreary*[200] es que el embargo sólo está disponible cuando los tribunales *conservan la jurisdicción* en casos pendientes de arbitraje.

3703/96, 3998/96; Toyota Services Afrique (TSA) v. Société Promotion de Représentation Automobiles (PREMOTO), Tribunal Supremo, Côte d'Ivoire, OHADA, 4 de diciembre de 1997, Arrêt n°317/97 (Guía de la Secretaría de la CNUDMI sobre la Convención sobre el Reconocimiento y la Ejecución de las Sentencias Arbitrales Extranjeras, nota 65 *supra,* en 61).

196 Véase von Mehren, nota 117 *supra,* en 155.

197 La Ley Modelo de la CNUDMI establece que "no es incompatible con un acuerdo de arbitraje que una parte solicite, antes o durante el procedimiento arbitral, a un tribunal una medida cautelar y que un tribunal conceda dicha medida" (Art. 9). Véase nota 37 *supra,* y Matthew Solum, "Injuctions in Arbitration", New York Law Journal, 20 de agosto de 2021.

198 501 F.2d, 1032 (3rd Cir. 1974).

199 9 U.S.C.A. § 3 (1970).

200 501 F.2d 1032.

En *Coastal States Trading Inc.* v. *Zenith Navigation S.A.*[201], un caso en el que también se planteaba la cuestión de si era posible el embargo, el demandante presentó una demanda ante un Tribunal Federal de Distrito de los Estados Unidos contra el demandado para recuperar el valor de un cargamento de petróleo en virtud de un contrato de fletamento de viaje.

La carta contenía una cláusula de arbitraje. En consecuencia, el demandado solicitó la suspensión de la acción judicial. El demandante solicitó una orden de embargo de determinados bienes del demandado. El tribunal estimó ambas peticiones: la suspensión del procedimiento y la orden de embargo.

Aunque la demandada era una sociedad extranjera, el tribunal consideró que, para efectos de la Ley de Arbitraje de EE.UU., dicha sociedad era una empresa estadounidense. Por lo tanto, la cláusula de arbitraje se regía por la Sección 3 de la Ley de Arbitraje de EE.UU.[202], que es aplicable a los acuerdos de arbitraje nacionales.

El demandado (una empresa extranjera) se opuso a la petición de embargo basándose en dos decisiones anteriores del mismo tribunal: los casos *P.N. Pertamina*[203] y *Mcreary*,[204] ambos relativos a acuerdos de arbitraje extranjeros.

En ambos casos, el tribunal sostuvo que el embargo era incompatible con los términos del artículo 2° de la Convención de Nueva York. El tribunal rechazó los argumentos del demandado por los siguientes motivos:

> Tanto en el caso Pertamina como en el caso *McCreary,* las relaciones entre las partes se regían por la Convención sobre el Reconocimiento y la Ejecución de las Sentencias Arbitrales Extranjeras, 9 U.S.C. Sects. 201 et seq.; en el caso *Pertamina,* ninguna de las partes era ciudadana estadounidense, y en el caso *McCreary,* la CEAT demandada era una sociedad italiana. El presente caso, sin embargo, parece entrar dentro de la excepción a la aplicabilidad de la Convención prevista en el art. 202 del 9 U.S.C., en el sentido de que esta acción surge de un contrato, es decir, un conocimiento de embarque, "enteramente entre ciudadanos de los Estados Unidos". Coastal es claramente una empresa estadounidense y, aunque Zenith es una empresa panameña, de las pruebas aportadas hasta el momento se desprende que tiene su sede principal en la ciudad de Nueva York, lo que la convierte en "ciudadana de los Estados

---

201 446 F. Supp. 330 (1977).

202 9 U.S.C.A. § 3 (1970).

203 Metropolitan World Tanker Corp. contra P.N. Pertambangan Munjakdangas Burni Nasional, 427 F.Supp. 2 (S.D.N.Y. 1975).

204 501 F.2d. 1032.

> Unidos" a los efectos de dicho artículo y excluye el contrato de los términos de la Convención. La importancia de esta distinción se deriva de la interpretación que hizo el Tercer Circuito de la Convención en el sentido de que excluía absolutamente la aplicación de recursos provisionales estatales en un litigio al que fuera aplicable una cláusula de arbitraje. 501 F.2d en 1038. Tanto el Tercer Circuito como este tribunal en el caso *Pertamina* señalaron que la Convención no preveía el embargo previo al arbitraje.[205]

El tribunal concluyó dictaminando que, a diferencia de los casos *Pertamina* y *McCreary*, en el presente caso se trataba de un demandante que no estaba vinculado por las restricciones de la Convención de Nueva York y que, por lo tanto, podía recurrirse al embargo.

No estamos de acuerdo con el razonamiento del tribunal en este caso. Decir que, a los efectos de la Ley de Arbitraje de los Estados Unidos, una empresa extranjera se considera ciudadana de los Estados Unidos y, por otra parte, que, para los efectos de la Ley de Embargo de Nueva York, la misma empresa es extranjera, es subvertir el principio de contradicción.

El argumento del tribunal en nuestra opinión representa de hecho un ajuste arbitrario necesario para preservar intacta la línea de razonamiento trazada en los casos *Pertamina*[206] y *McCreary*.[207] En lugar de sostenerlo así, el tribunal debería haber desarrollado otro tipo de argumento para justificar la disponibilidad del embargo en casos como el de *Coastal*.[208] Un argumento que podría haberse desarrollado es que la retención de la jurisdicción para juzgar en casos pendientes de arbitraje no es necesaria para que un tribunal conceda una orden de embargo.

En *Shaffer* v. *Heihner*,[209] el Tribunal Supremo de los Estados Unidos reconoció que existe una distinción entre la jurisdicción para juzgar el fondo subyacente de una controversia y la "jurisdicción" para embargar bienes. De esta sentencia se desprende que los tribunales, en los casos que entran en el ámbito de aplicación de la Convención de Nueva York, pueden dictar órdenes de embargo a pesar de que dichos tribunales puedan estar temporalmente[210] o permanentemente[211] impedidos de decidir sobre el fondo de la controversia.

---

205 446 F. Supp. 330.

206 427 F. Supp. 2.

207 501 F. 2d. 1032.

208 446 F. Supp. 330.

209 433 U.S. 186, 209.

210 Por ejemplo, en los casos en que se concede una suspensión.

211 El caso *Siderius* antes citado en nota 192, es un ejemplo de esta situación.

El razonamiento del caso McCreary fue rechazado en *Carolina Power & Light Co.* contra *O.I.E. URANEX.*[212] En este caso, el tribunal indicó que los argumentos utilizados en *McCreary* no eran muy convincentes. El tribunal en *Carolina*[213] dijo que el concepto de remisión contenido en el artículo 2°, párrafo 3, de la Convención de Nueva York no significaba que la jurisdicción del tribunal se desvaneciera definitivamente.[214] Sostuvo además que "el uso de la palabra 'remitir'... podría reflejar el hecho de que la Convención debe aplicarse en muchos sistemas jurídicos diferentes, y posiblemente en circunstancias en las que el uso del término técnico "suspensión del procedimiento" ("stay") no sería una directriz significativa".[215]

En *Carolina,*[216] al igual que en el caso *Coastal,*[217] el tribunal justificó la concesión de una orden de embargo afirmando que los tribunales también conservan su jurisdicción cuando ordenan a las partes que se sometan a arbitraje. Así, según este razonamiento, los tribunales conservan su competencia tanto cuando conceden una suspensión como cuando conceden una orden que obliga al arbitraje.[218] La misma crítica dirigida al caso *Coastal* puede aplicarse al caso *Carolina.*[219]

Aunque no estamos de acuerdo con los argumentos del tribunal de *Carolina* relativos a la jurisdicción, no obstante es importante mencionar que este caso representa una mejora en la interpretación de las disposiciones de la Convención de Nueva York. A este respecto, el tribunal sostuvo que no hay nada en la Convención que sea incompatible con dicho recurso. Además, sostuvo que la disponibilidad de recursos provisionales fomenta el uso del arbitraje en lugar de obstaculizarlo.[220]

En *Paramount Carriers Corp.* v. *Cook Industries,*[221] (un caso relacionado con un acuerdo de arbitraje extranjero) el tribunal sostuvo que el embargo está disponible incluso cuando el proceso de arbitraje ya se ha iniciado y el actor interpone la acción legal con el único propósito de obtener el benefi-

---

212 451 Fed. Supp. 1044.

213 *Ibid.*

214 *Id.* en 1050.

215 *Id.* en 1052.

216 451 Fed. Supp. 1044.

217 446 F. Supp. 330.

218 451 Fed. Supp. 1044-1052.

219 Véase la página 64 de este libro.

220 El tribunal se basó en el caso Boys Market Inc. v. Retail Clerks Union, 398 U.S. 235.

221 465 F. Supp. 599.

cio del recurso. Este caso demuestra que incluso en los casos en los que no hay retención de jurisdicción, la posibilidad de embargo está disponible.

En *Blumenthal* contra *Merryll Lynch, Pierce, Fenner & Smith*, un tribunal estadounidense determinó que "el arbitraje puede convertirse en una formalidad hueca si las partes son capaces de alterar irreversiblemente el *statu quo* antes de que los árbitros puedan dictar una resolución sobre el litigio".[222]

En *Gen. Mills* v. *Champion Petfoods USA*, se ofreció una consideración similar, en el sentido de que "si el Tribunal se negara a ordenar el arbitraje pendiente... gran parte del daño que el actor pretende evitar se producirá en el tiempo que tarde el árbitro en ser nombrado, considerar las cuestiones y dictar una resolución definitiva".[223]

Otro ejemplo puede encontrarse en *Vital Pharmaceuticals d/b/a VPX Sports* contra *PepsiCo*, en el que un árbitro de emergencia dictó una orden provisional que preservaba los derechos de PepsiCo hasta la resolución del litigio, ordenando a su contraparte que cesara determinadas conductas que amenazaban a Pepsi.[224]

En este contexto, es importante tener en cuenta que los tribunales arbitrales carecen de autoridad para garantizar la ejecución de medidas cautelares, como el embargo, cuando una parte se niega a cumplirlas voluntariamente o amenaza los derechos o bienes pertenecientes a la otra parte. No obstante, las partes pueden obtener disposiciones de esta naturaleza con la asistencia de los tribunales encargados de la supervisión y validez de los procedimientos de arbitraje internacional.

Por último, nos gustaría discutir la cuestión de si los tribunales tienen que remitir a las partes a arbitraje en los casos en que los acuerdos prevén el arbitraje en países que no se han adherido a la Convención de Nueva York.

El tercer párrafo del artículo 1° de la Convención establece que:

> Al firmar, ratificar o adherirse a la presente Convención, o al notificar su prórroga de conformidad con el artículo X de la misma, cualquier Estado podrá declarar, sobre la base de la reciprocidad, que aplicará la Convención

---

222 910 F.2d 1049, 1053 (2d Cir. 1990).

223 No. 20-CV-181 (KMK), 2020 WL 915824, en *3 (S.D.N.Y. 26 de febrero de 2020).

224 528 F. Supp. 3D 1304. Véase también *Pac Reinsurance Mgmt.* v. *Ohio Reinsurance*, 935 F.2d 1019, 1023 (9th Cir.1991), con la determinación del tribunal en el sentido de que "las órdenes equitativas temporales calculadas para preservar los activos o el rendimiento son necesarias".

> al reconocimiento y ejecución de las sentencias dictadas únicamente en el territorio de otro Estado contratante. También podrá declarar que aplicará la Convención únicamente a las diferencias derivadas de relaciones jurídicas, contractuales o no, que se consideren mercantiles con arreglo a la legislación nacional del Estado que haga tal declaración.[225]

¿Es aplicable esta reserva a los acuerdos de arbitraje contemplados en el artículo 2° de la Convención? Algunos autores como Gaja[226] piensan que la reserva territorial contenida en el artículo 1°, párrafo 3, de la Convención es aplicable *tanto al* reconocimiento de los laudos arbitrales como al reconocimiento de los acuerdos de arbitraje.

Otro comentarista de la Convención de Nueva York[227] sostiene que "Sería un resultado absurdo... que la Convención y el estatuto autorizaran al tribunal a obligar al arbitraje en una nación no signataria pero negaran el uso de su maquinaria para la ejecución del laudo que le sigue".[228] Alega además que una interpretación armoniosa del contexto de la Convención lleva a la conclusión de que debe considerarse que la expresión "reconocimiento y ejecución de laudos" contenida en el párrafo 3 del artículo 1° abarca también la cuestión de los acuerdos de arbitraje.[229]

Esta afirmación de que el párrafo 3 del artículo 1° de la Convención se aplica también a los acuerdos de arbitraje cubiertos por el artículo 2° se apoya en el argumento de que el artículo 2° de la Convención es una parte esencial del mismo, y que la ejecución de los acuerdos de arbitraje es un paso indispensable en el proceso "que conduce al reconocimiento del laudo que en última instancia resulta".[230]

---

225 Artículo 1, párrafo 3 de la Convención de Nueva York. La reserva "comercial" contenida en la segunda frase del apartado no plantea ningún problema, ya que los tribunales pueden declarar que un litigio no es susceptible de solución mediante arbitraje porque no se trata de un litigio comercial con arreglo a la legislación del Estado que formula la reserva.

226 Giorgio Gaja, "Arbitraje comercial internacional, Convención de Nueva York". Dobbs, Ferry, N.Y., en 1a 4.

227 Comentario, "International Comm. Arb". 47 Washington Law Review 441, 457 (1972).

228 *Ibid.*

229 *Ibid.*

230 *Ibid.*

Sin embargo, en el caso *Fuller,*[231] el tribunal indicó que la reserva territorial "se aplica claramente sólo al reconocimiento y ejecución de *laudos arbitrales.* No tiene relevancia para el problema pendiente ante este tribunal —si ordenar el arbitraje en los términos de la Convención".[232]

Estamos de acuerdo con la interpretación del tribunal en *Fuller*[233] sobre el alcance de la reserva territorial contenida en el apartado 3 del artículo 1° de la Convención. Los argumentos en los que apoyamos nuestra opinión son los siguientes:

1) Un acuerdo de arbitraje que entre en el ámbito de aplicación del artículo 2° de la Convención y que prevea el arbitraje en el territorio de un Estado no signatario, puede, en efecto, dar lugar a un laudo ejecutorio en el territorio de un Estado contratante distinto del Estado en el que se solicita la ejecución del acuerdo y que no haya formulado ninguna reserva.

   Si el Estado en el que se solicita el reconocimiento del acuerdo de arbitraje no lo ejecuta basándose en la reserva territorial, se trunca la posibilidad de que un laudo se ejecute en un tercer país.

   La mera posibilidad de ejecución de un laudo, resultante del reconocimiento de un convenio arbitral, en un Estado distinto de aquel en el que se solicita la ejecución de dicho convenio, debería hacer inaplicable la reserva territorial a los supuestos contemplados en el artículo 2° de la Convención de Nueva York.

2) Precisamente porque el artículo 2° de la Convención es parte esencial del mismo, se debería promover la ejecución de los acuerdos de arbitraje que puedan conducir al reconocimiento de un laudo en los términos de la Convención, en lugar de defender la aplicabilidad de la reserva territorial al reconocimiento de los acuerdos de arbitraje.

Al proponer que la reserva territorial se haga aplicable a los acuerdos de arbitraje sobre la base de que desempeñan un papel esencial en el proceso de arbitraje, el comentarista antes mencionado[234] de la Convención

---

231 421 f. Supp. 938, 941.

232 *Ibid.*

233 *Ibid.*

234 *Supra* nota 227. Para información adicional sobre las materias tratadas en este libro, véanse: Nigel Blackaby et al, Redfern and Hunter on International Arbitration (Oxford: Oxford University Press, 2009). Gary Born, International Commercial Arbitration, (The Hague: Kluwer Law International, 2014). Gaillard & John

argumenta hasta el absurdo. Esto es así porque la consecuencia de su argumento es que los acuerdos de arbitraje no serán ejecutables y, por lo tanto, el propósito esencial del artículo 2° se ve efectivamente frustrado.

Por supuesto, nuestro segundo argumento debe considerarse conjuntamente con el primero, que establece la justificación del reconocimiento de los acuerdos que prevén el arbitraje en un país que no está adherido a la Convención de Nueva York. La discusión de la reserva territorial marca el final de este libro. Su redacción nos ha brindado la oportunidad de ampliar los límites de nuestra comprensión jurídica y de entender nuestros propios límites.

Savage, eds, Fouchard Gaillard Goldman on International Commercial Arbitration (The Hague: Kluwer Law International, 1999).Eduardo J. De la Peña Bernal y Francisco Rivero, "Enfoque en la evolución del Sistema de Arbitraje de México", GARE, 2023, https://globalarbitrationreview.com/guide/the-guide-arbitration-in-latin-america/second-edition/article/spotlight-mexicos-evolving-arbitration-system. Emmanuel Gaillard & John Savage, eds, Fouchard Gaillard Goldman on International Commercial Arbitration (The Hague: Kluwer Law International, 1999). Emmanuel Gaillard & Yas Banifatemi, "Negative Effects of Competence-Competence: The Rule of Priority in Favour of the Arbitrators" in Emmanuel Gaillard & Domenico di Pietro, eds, Enforcement of Arbitration Agreements and International Arbitral Awards (London, UK: Cameron May, 2008) 257. Emmanuel Gaillard, Legal Theory of International Arbitration (London, UK: Martinus Nijhoff, 2010). Toby Landau, "The Requirement of a Written Form for an Arbitration Agreement: When 'Written' Means 'Oral'", in International Commercial Arbitration: Important Contemporary Questions (ICCA Congress Series No 11) (The Hague: Kluwer Law International, 2003) 19. Julian D.M. Lew et al, Comparative International Commercial Arbitration (The Hague: Kluwer Law International, 2003). Jean-Francois Poudret & Sébastien Besson, Comparative Law of International Arbitration (London, UK: Sweet and Maxwell, 2007). Alan Redfern & Martin Hunter, On International Commercial Arbitration (The Hague: Kluwer International Law, 2009). Dorothee Schramm, Elliot Geisinger & Philippe Pinsolle, "Article II" in Herbert Kronke et al, eds, Recognition and Enforcement of Foreign Arbitral Awards (The Hague: Kluwer Law International, 2010) 37. Marco Tulio Venegas, "The Mexican Courts and Arbitration: A New Partnership",https://digitalcommons.wcl.american.edu/cgi/viewcontent.cgi?referer=https://www.google.com/&httpsredir=1&article=1007&context=ab

CONVENCIÓN SOBRE EL RECONOCIMIENTO Y LA EJECUCIÓN DE LAS SENTENCIAS ARBITRALES EXTRANJERAS (NUEVA YORK, 1958)

Artículo I

1. La presente Convención se aplicará al reconocimiento y la ejecución de las sentencias arbitrales dictadas en el territorio de un Estado distinto de aquel en que se pide el reconocimiento y la ejecución de dichas sentencias, y que tengan su origen en diferencias entre personas naturales o jurídicas. Se aplicará también a las sentencias arbitrales que no sean consideradas como sentencias nacionales en el Estado en el que se pide su reconocimiento y ejecución.

2. La expresión "sentencia arbitral" no sólo comprenderá las sentencias dictadas por los árbitros nombrados para casos determinados, sino también las sentencias dictadas por los órganos arbitrales permanentes a los que las partes se hayan sometido.

3. En el momento de firmar o de ratificar la presente Convención, de adherirse a ella o de hacer la notificación de su extensión prevista en el artículo X, todo Estado podrá, a base de reciprocidad, declarar que aplicará la presente Convención al reconocimiento y a la ejecución de las sentencias arbitrales dictadas en el territorio de otro Estado Contratante únicamente. Podrá también declarar que sólo aplicará la Convención a los litigios surgidos de relaciones jurídicas, sean o no contractuales, consideradas comerciales por su derecho interno.

Artículo II

1. Cada uno de los Estados Contratantes reconocerá el acuerdo por escrito conforme al cual las partes se obliguen a someter a arbitraje todas las diferencias o ciertas diferencias que hayan surgido o puedan surgir entre ellas respecto a una determinada relación jurídica, contractual o no contractual, concerniente a un asunto que pueda ser resuelto por arbitraje.

2. La expresión "acuerdo por escrito" denotará una cláusula compromisoria incluida en un contrato o un compromiso, firmados por las partes o contenidos en un canje de cartas o telegramas.

3. El tribunal de todo Estado Contratante, al que se someta un litigio respecto del cual las partes hayan concluido un acuerdo en el sentido del presente artículo, deberá, a instancia de una de ellas, remitirlas a arbitraje, a menos que compruebe que dicho acuerdo es nulo, ineficaz o inaplicable.

Artículo III

Cada uno de los Estados Contratantes reconocerá la autoridad de la sentencia arbitral y concederá su ejecución de conformidad con las normas de procedimiento vigentes en el territorio donde la sentencia sea invocada, con arreglo a las condiciones que se establecen en los artículos siguientes. Para el reconocimiento o la ejecución de las sentencias arbitrales a que se aplica la presente Convención, no se impondrán condiciones apreciablemente más rigurosas, ni honorarios o costas más elevados, que los aplicables al reconocimiento o a la ejecución de las sentencias arbitrales nacionales.

Artículo IV

1. Para obtener el reconocimiento y la ejecución previstos en el artículo anterior, la parte que pida el reconocimiento y la ejecución deberá presentar, junto con la demanda:

a) El original debidamente autenticado de la sentencia o una copia de ese original que reúna las condiciones requeridas pare su autenticidad:

b) El original del acuerdo a que se refiere el artículo II, o una copia que reúna las condiciones requeridas pare su autenticidad.

2. Si esa sentencia o ese acuerdo no estuvieran en un idioma oficial del país en que se invoca la sentencia, la parte que pida el reconocimiento y la ejecución de esta última deberá presentar una traducción a ese idioma de dichos documentos. La traducción deberá ser certificada por un traductor oficial o un traductor jurado, o por un agente diplomático o consular.

Artículo V

1. Sólo se podrá denegar el reconocimiento y la ejecución de la sentencia, a instancia de la parte contra la cual es invocada, si esta parte prueba ante la autoridad competente del país en que se pide el reconocimiento y la ejecución:

a) Que las partes en el acuerdo a que se refiere el artículo II estaban sujetas a alguna incapacidad en virtud de la ley que es aplicable o que dicho acuerdo no es válido en virtud de la ley a que las partes lo han sometido, o si nada se hubiera indicado a este respecto, en virtud de la ley del país en que se haya dictado la sentencia; o

b) Que la parte contra la cual se invoca la sentencia arbitral no ha sido debidamente notificada de la designación del árbitro o del procedimiento de arbitraje o no ha podido, por cualquier otra razón, hacer valer sus medios de defensa; o

c) Que la sentencia se refiere a una diferencia no prevista en el compromiso o no comprendida en las disposiciones de la cláusula compromisoria, o contiene decisiones que exceden de los términos del compromiso o de la cláusula compromisoria; no obstante, si las disposiciones de la sentencia que se refieren a las cuestiones sometidas al arbitraje pueden separarse de las que no han sido sometidas al arbitraje, se podrá dar reconocimiento y ejecución a las primeras; o

d) Que la constitución del tribunal arbitral o el procedimiento arbitral no se han ajustado al acuerdo celebrado entre las partes o, en defecto de tal acuerdo, que la constitución del tribunal arbitral o el procedimiento arbitral no se han ajustado a la ley del país donde se ha efectuado el arbitraje; o

e) Que la sentencia no es aún obligatoria para las partes o ha sido anulada o suspendida por una autoridad competente del país en que, o conforme a cuya ley, ha sido dictada esa sentencia.

2. También se podrá denegar el reconocimiento y la ejecución de una sentencia arbitral si la autoridad competente del país en que se pide el reconocimiento y la ejecución, comprueba:

a) Que, según la ley de ese país, el objeto de la diferencia no es susceptible de solución por vía de arbitraje; o

b) Que el reconocimiento o la ejecución de la sentencia serían contrarios al orden público de ese país.

Artículo VI

Si se ha pedido a la autoridad competente prevista en el artículo V, párrafo 1 e), la anulación o la suspensión de la sentencia, la autoridad ante la cual se invoca dicha sentencia podrá, si lo considera procedente, aplazar la decisión sobre la ejecución de la sentencia y, a instancia de la parte que pida la ejecución, podrá también ordenar a la otra parte que dé garantías apropiadas.

Artículo VII

1. Las disposiciones de la presente Convención no afectarán la validez de los acuerdos multilaterales o bilaterales relativos al reconocimiento y la ejecución de las sentencias arbitrales concertados por los Estados Contratantes ni privarán a ninguna de las partes interesadas de cualquier derecho que pudiera tener a hacer valer una sentencia arbitral en la forma y medida admitidas por la legislación o los tratados del país donde dicha sentencia se invoque.

2. El Protocolo de Ginebra de 1923 relativo a las cláusulas de arbitraje y la Convención de Ginebra de 1927 sobre la ejecución de las Sentencias Arbitrales Extranjeras dejarán de surtir efectos entre los Estados Contratantes a partir del momento y en la medida en que la presente Convención tenga fuerza obligatoria para ellos.

Artículo VIII

1. La presente Convención estará abierta hasta el 31 de diciembre de 1958 a la firma de todo Miembro de las Naciones Unidas, así como de cualquier otro Estado que sea o llegue a ser miembro de cualquier organismo especializado de las Naciones Unidas, o sea o llegue a ser parte en el Estatuto de la Corte Internacional de Justicia, o de todo otro Estado que haya sido invitado por la Asamblea General de las Naciones Unidas.

2. La presente Convención deberá ser ratificada y los instrumentos de ratificación se depositarán en poder del Secretario General de las Naciones Unidas.

Artículo IX

1. Podrán adherirse a la presente Convención todos los Estados a que se refiere el artículo VIII.

2. La adhesión se efectuará mediante el depósito de un instrumento de adhesión en poder del Secretario General de las Naciones Unidas.

Artículo X

1. Todo Estado podrá declarar, en el momento de la firma, de la ratificación o de la adhesión, que la presente Convención se hará extensiva a todos los territorios cuyas relaciones internacionales tenga su cargo, o a uno o varios de ellos. Tal declaración surtirá efecto a partir del momento en que la Convención entre en vigor para dicho Estado.

2. Posteriormente, esa extensión se hará en cualquier momento por notificación dirigida al Secretario General de las Naciones Unidas y surtirá efecto a partir del nonagésimo día siguiente a la fecha en que el Secretario General de las Naciones Unidas haya recibido tal notificación o en la fecha de entrada en vigor de la Convención para tal Estado, si esta última fecha fuere posterior.

3. Con respecto a los territorios a los que no se haya hecho extensiva la presente Convención en el momento de la firma, de la ratificación o de la adhesión, cada Estado interesado examinará la posibilidad de adoptar las medidas necesarias para hacer extensiva la aplicación de la presente Convención a tales territorios, a reserva del consentimiento de sus gobiernos cuando sea necesario por razones constitucionales.

Artículo XI

Con respecto a los Estados federales o no unitarios, se aplicarán las disposiciones siguientes:

a) En lo concerniente a los artículos de esta Convención cuya aplicación dependa de la competencia legislativa del poder federal, las obligaciones del gobierno federal serán, en esta medida, las mismas que las de los Estados Contratantes que no son Estados federales;

b) En lo concerniente a los artículos de esta Convención cuya aplicación dependa de la competencia legislativa de cada uno de los Estados o provincias constituyentes que, en virtud del régimen constitucional de la federación no estén obligados a adoptar medidas legislativas, el gobierno federal, a la mayor brevedad posible y con su recomendación favorable, pondrá dichos artículos en conocimiento de las autoridades competentes de los Estados o provincias constituyentes;

c) Todo Estado federal que sea Parte en la presente Convención proporcionará, a solicitud de cualquier otro Estado Contratante que le haya sido transmitida por conducto del Secretario General de las Naciones Unidas, una exposición de la legislación y de las prácticas vigentes en la federación y en sus entidades constituyentes con respecto a determinada disposición de la Convención, indicando la medida en que por acción legislativa o de otra índole, se haya dado efecto a tal disposición.

Artículo XII

1. La presente Convención entrará en vigor el nonagésimo día siguiente a la fecha del depósito del tercer instrumento de ratificación o de adhesión.

2. Respecto a cada Estado que ratifique la presente Convención o se adhiera a ella después del depósito del tercer instrumento de ratificación o de adhesión, la presente Convención entrará en vigor el nonagésimo día siguiente a la fecha del depósito por tal Estado de su instrumento de ratificación o de adhesión.

Artículo XIII

1. Todo Estado Contratante podrá denunciar la presente Convención mediante notificación escrita dirigida al Secretario General de las Naciones Unidas. La denuncia surtirá efecto un año después de la fecha en que el Secretario General haya recibido la notificación.

2. Todo Estado que haya hecho una declaración o enviado una notificación conforme a lo previsto en el artículo X, podrá declarar en cualquier momento posterior, mediante notificación dirigida al Secretario General de la Naciones Unidas, que la Convención dejará de aplicarse al territorio de que se trate un año después de la fecha en que el Secretario General haya recibido tal notificación.

3. La presente Convención seguirá siendo aplicable a las sentencias arbitrales respecto de las cuales se haya promovido un procedimiento para el reconocimiento o la ejecución antes de que entre en vigor la denuncia.

Artículo XIV

Ningún Estado Contratante podrá invocar las disposiciones de la presente Convención respecto de otros Estados Contratantes más que en la medida en que él mismo esté obligado a aplicar esta Convención.

Artículo XV

El Secretario General de las Naciones Unidas notificará a todos los Estados a que se refiere el artículo VIII: a) Las firmas y ratificaciones previstas en el artículo VIII; b) Las adhesiones previstas en el artículo IX; c) Las declaraciones y notificaciones relativas a los artículos I, X y XI; d) La fecha de entrada en vigor de la presente Convención, en conformidad con el artículo XII; e) Las denuncias y notificaciones previstas en el artículo XIII.

Artículo XVI

1. La presente Convención, cuyos textos chino, español, francés, inglés y ruso serán igualmente auténticos, será depositada en los archivos de las Naciones Unidas.

2. El Secretario General de las Naciones Unidas transmitirá una copia certificada de la presente Convención a los Estados a que se refiere el artículo VIII.

RECOGNITION AND ENFORCEMENT OF ARBITRATION AGREEMENTS UNDER THE NEW YORK CONVENTION

J. Mauro González-Luna Mendoza
Leonardo Brown González

To God, for giving me life and faith.
To the memory of my dearest father and mother, Mauro and Eloísa.
To my beloved wife Elssie Federica, grateful for
her generous support in the preparation of this English version.
To my dear children, Fedi, Tere and Mauro.
To my dear grandchildren, Patricio, Sabina, Julia, Elena and Sara.
To my dear siblings, Lis, Tere, Leti and Juan Antonio.
To the memory of my friends, Agustín Sánchez Rodríguez and Michael E. Friedlander.
To the memory of my dear friend and professor in Harvard, Arthur Von Mehren.
To my friend Ricardo Chacón López Velarde, for his support in the preparation of this book..
J. Mauro González-Luna Mendoza

This book is gratefully dedicated to my mother, Elsa González Franyutti,
who has always been a source of inspiration for my professional career.
Leonardo Brown González

Prologue

A fundamental principle of the law is revealed when reading article 1092 of the Commercial Code, which states that "*A competent judge is the one to whom the litigants have expressly or tacitly submitted*". This freedom to determine who is the competent authority to regulate the controversy that arises from a contract is particularly important in commercial matters. In civil cases, the parties can choose where they should be obligated to pay or where to fulfill requirements to establish jurisdiction, according to the civil procedure rules and the current National Code of Civil and Family Procedures.

The notion that the parties to a contract may decide to submit any disputes arising out of it to arbitration is based on this principle, which is essentially an inherent human right. As Péreznieto and Graham show, this agreement is lawful in Mexico and does not conflict with the rule against special courts, the legality principle, or "private" justice.[1]

Thus, the purest embodiment of that privilege is found in the arbitration agreement or clause. No one forces it upon the parties; rather, it is up to the parties to choose, within the parameters of their contractual freedom, to submit their disagreements to an arbiter's ruling. States that enact arbitration laws always begin with the recognition of that right, regardless of whether they accept the Model Arbitration Law of the United Nations Commission on International Trade Law.[2]

Not only that, but 172 States, including Mexico, have ratified the United Nations Convention on the Recognition and Enforcement of Foreign Arbitral Awards (New York, 1958) (also known as the "New York Convention"), which serves to formally seal the principle that recognizes the right of the parties to a contract to agree to govern its interpretation and resolve disputes through arbitration.

In this monograph, González-Luna and Brown specifically analyze the Second Article of the New York Convention, which upholds the principle

---

1 Pereznieto, Leonel y Graham James. "*Tratado de Arbitraje Comercial Internacional mexicano*". LIMUSA. México, 2009, páginas 41 a 45.

2 UNCITRAL: https://uncitral.un.org/es/texts/arbitration/modellaw/commercial_arbitration chrome-extension://efaidnbmnnnibpcajpcglclefindmkaj/https://uncitral.un.org/sites/uncitral.un.org/files/media-documents/uncitral/es/07-87001_ebook.pdf

that all States will recognize the fact that the grantors of a contract have chosen to include an arbitration clause. This means that the courts of a signatory state are required to decline to consider a dispute resulting from a contract that has an arbitration clause. Quote on chapter II: *"The significance of the recognition of the arbitration agreement is precisely the idea that courts of the contracting states must respect the role of arbitrators by referring parties to arbitration. Courts of the contracting states in enforcing valid arbitration agreements are in actuality recognizing the freedom of the parties"*.

Clearly, the right and duty of the States outlined in article II of the convention need to be interpreted and comprehended in the context of the convention's primary goal, as stated in article I, which states that the Convention: "... *shall apply to the recognition and enforcement of arbitral awards made in the territory of a State other than the State where the recognition and enforcement of such awards are sought, and arising out of differences between persons, whether physical or legal"*. If the unalienable right to choose whether to submit conflicts to an arbitration procedure has not been acknowledged, it would not be feasible to accept and carry out the arbitration awards of another jurisdiction.

The authors describe some of the debates that took place within the Convention's drafting committee and also explain how some jurisdictions have been incorporating the Convention's standards and tenets into their own internal arbitration laws. Recall that in Mexico, common law cannot conflict with the provisions of international treaties.

The narration and description of numerous actual cases where there has been disagreement over how to interpret the application of the second article of the New York Convention constitute the central focus of this monograph.

Reading the work is a true pleasure of exegesis, fundamentally pragmatic, though not immune to doctrinal nuances. Topics like separating the interpretation and legal development of the arbitration clause or agreement from the rest of the contract where it originates, or the "arbitrability" of the issues brought to arbitration, are just a few examples.

After earning his legal degree from Universidad Panamericana, Leonardo Brown is a professor there as well. His expertise has grown in both the study and instruction of legal history as well as the practice of criminal law.

As Mauro González-Luna's teacher during his high school years, I had the distinction of knowing him and his family, who have produced notable jurists who have also distinguished themselves by having a strong love for

Mexico. Furthermore, we both used to work for the same financial institution for a while. Having earned a master's degree from Harvard University, he entered not just the legal profession but also politics, holding professorships at several universities and several governmental roles through appointment or election.

This book is tiny in size but big in content, easily readable, and will invite people who form the forum of arbitration law and practice to read, study, and perhaps dispute it. That is the spirit that our publishing house, Tirant Lo Blanch Mercantile Collection aims.

LUIS MANUEL C. MÉJAN
Ciudad de México
2024

Introduction

The United Nations Convention on the Recognition and Enforcement of Foreign Arbitral Awards of 1958, commonly known as the New York Convention, is one of the most relevant international legislative instruments related to international commerce.

As its title implies, this Convention deals with the recognition and enforcement of both foreign arbitral awards and arbitral agreements in contracting States. This instrument was adopted as a means of providing tools for the growing needs of the international business community, and to facilitate international negotiations and commerce.[1] The entire arbitral process is regulated by this instrument, starting from the recognition of the arbitration agreement, the development of arbitration itself, and the recognition of awards issued by arbitral tribunals.

The New York Convention's objective was to improve the legal scheme provided by the Geneva Protocol on Arbitration Clauses of 1923 and the Geneva Convention on the Execution of Foreign Arbitral Awards of 1927, commonly known, respectively, as the Geneva Protocol and the Geneva Convention. The International Chamber of Commerce sought the modernization of these instruments, to meet economic demands in a globalized economy.

Among the improvements adopted by the New York Convention in comparison to the Geneva Protocol and the Geneva Convention, Gary B. Born points out the following:

> the Convention shifted the burden of proving the validity or invalidity of awards from the award-creditor to the award-debtor and mandated summary, expedited recognition procedures; recognized substantial party autonomy with respect to the arbitral procedures; prescribed choice-of-law rules for the law applicable to arbitration agreements and required their specific enforcement; and abolished the previous "double exequatur" requirement (which had required that awards be confirmed in the arbitral seat before being recognized abroad).[2]

---

1 See Gary B. Born, "The New York Convention: a Self-Executing Treaty", Michigan Journal of International Law, Vol. 40 (2018), 117.

2 *Id.*, at p. 126.

One of the Convention's primordial objectives is the establishment of uniform rules governing the international arbitral process.[3] Another end of the Convention involves the implementation of pro-enforcement attitudes towards international arbitration by courts. All of these, in result, have led to a dramatic increase in the resolution of international commercial disputes by arbitration, which in turn, result in the development of a global legal system in which trade and investment are facilitated.

In general, the fulfillment of these objectives by the New York Convention has been regarded as a "great success",[4] as a consequence of the promotion of alternative dispute resolution mechanisms.

Arbitration is a heterocompositive method of dispute resolution, in which an independent and impartial third party, designated by the parties, judges in a verdict, to which they agree to be bound. The key advantage in the employment of this mechanism is the avoidance of traditional jurisdictional procedures.[5] When we speak of international commercial arbitration, logically, we refer to commercial acts performed by private parties.

As it may be seen, arbitration functions as a conventional device, through which the parties submit waivable (patrimonial) rights to another private individual (or tribunal) by an express agreement; the binding character of the arbitral award derives from consent. The resolution of the matter is done by the third party, in equivalent terms as if an ordinary court were to resolve the dispute, with the exception that the decision of arbitral tribunals is usually established as unappealable.

International commercial arbitration is generally preferred as method for the resolution of disputes thanks to its promptness; its considerably lower cost in some cases, compared to the resources needed for the persecution of justice in State tribunals; its specialization in commercial matters, according to the parties' needs; its confidentiality, as a private process; its procedural flexibility although nowadays arbitration is becoming "judicialized" with complex rules, and facing challenges such as the matter of data

---

3 *Id.*, at p. 117-118.

4 See Judgement of May 20, 2010, Supreme Court of Canada, Canada (2010) Yugraneft Corp. v. Rexx Management Corp., 2010 SCC 19, [2010] 1 S.C.R. 649.

5 See Óscar Vázquez del Mercado, "A promising future for international commercial-corporate arbitration", Institute of Legal Research, National Autonomous University of Mexico, ("Un futuro promisorio para el arbitraje internacional comercial-corporativo", Instituto de Investigaciones Jurídicas, Universidad Nacional Autónoma de México), 2015, p. 1257.

protection and the competence of International Commercial Tribunals; and its friendly composition, in which mercantile relations are usually not undermined in confrontation, as *bona fide* is presumed at all times.[6]

As a whole, tradesmen are benefitted in their commercial practices. The development of a *lex mercatoria* detached from national legislations facilitates transnational trade, in a dynamic and progressive logic. Global commerce is enabled by the creation of multilateral agreements between countries and private parties, focused on the encouragement of free commerce in unified geographical areas.

The issue that arises from the use of arbitration lies in the recognition and the executability of the award by national courts, as the arbitrators lack the *imperium* necessary to this effect. In this sense, The New York Convention tackles obstacles that may arise in this matter.

Throughout the book we have taken the liberty of quoting authors and precedents that we consider "classics" because they have contributed significantly to the history, development and success of international commercial arbitration, as a result of the acquired relevance of the Convention, as well as authors and cases that, over the years, have enriched and matured the treatment and practice of such an important subject.

---

6 See Olman Arguedas Salazar, "Arbitration", Institute of Legal Research, National Autonomous University of Mexico, ("El arbitraje", Instituto de Investigaciones Jurídicas, Universidad Nacional Autónoma de México), (2016), p. 863-865. See also George A. Bermann, Columbia Law School, "The Future of International Commercial Arbitration", 2021, Cambridge University Press, https://scholarship.law.columbia.edu/cgi/viewcontent.cgi?article=4316&context=faculty_scholarship

Chapter I
Scope of Article 2

The purpose of this work is to analyze some of the main issues arising from Article 2 of the United Nations Convention on the Recognition and Enforcement of Foreign Arbitral Awards.[7] This legal provision constitutes a fundamental part of the Convention, as it establishes the rules for formal and substantive validity of arbitration agreements.

Article 2 of the New York Convention deals with the recognition and enforcement of arbitration agreements. It reads as follows:

> 1. Each Contracting State shall recognize an agreement in writing under which the parties undertake to submit to arbitration all or any differences which have arisen or which may arise between them in respect of a defined legal relationship, whether contractual or not, concerning a subject matter capable of settlement by arbitration.
> 2. The term "agreement in writing" shall include an arbitral clause in a contract or an arbitration agreement, signed by the parties or contained in an exchange of letters or telegrams.
> 3. The court of a Contracting State, when seized of an action in a matter in respect of which the parties have made an agreement within the meaning of this article, shall, at the request of one of the parties, refer the parties to arbitration, unless it finds that the said agreement is null and void, inoperative or incapable of being performed.

The original Draft of the said Convention did not contain a provision dealing with the recognition and enforcement of arbitration agreements (actual Art. 2). Sweden at the United Nations Conference on International Commercial Arbitration[8] introduced a provision concerning the recognition of arbitration agreements.[9] There was some opposition to the proposal but finally the Conference was convinced by the United Kingdom representative that a Convention on awards not providing for recognition of the arbitration agreement would be "easily nullified".[10]

---

7 U.N. Doc. No. E/CONF. 26/9 Rev. 1, of June 10, 1958. 330 U.N.T.S. 38 (hereinafter cited as the New York Convention).

8 It was held in New York from May 20 to June 10, 1958.

9 E/CONF. 26/L. 8.

10 G.W. Haight, "Convention on the Recognition and Enforcement of Foreign Awards", (1958).

It was then decided that a separate protocol such as the 1923 Protocol on Arbitration Clauses[11] would deal with the enforcement of foreign arbitration agreements. However, on the last day of the Conference Article 2 was inserted in the text of the Convention.

The significance of this "extraordinary provision"[12] (Art. 2) has been expressed by an English judge in the following manner:

> It is an essential preliminary to the recognition and enforcement of arbitration awards that the arbitration agreements capable of resulting in such awards being made should themselves *first be recognized and enforced.*[13]

Article 2 of the New York Convention does not mention the kinds of arbitration agreements that the contracting states are required to recognize as well as to enforce. There are no criteria defining the scope or the reach of the said article. Neither a territorial nor a "non-domestic" criterion is established in such a provision.

During the negotiations at the conference the German delegate insisted very much on the idea that the arbitration agreements covered by Art. 2 of the New York Convention should be those which could lead to an award enforceable under the terms of Art. 1 and 3 of the Convention. In other words, the German representative claimed that the arbitration clause should be related to an arbitral award capable of being enforced under the New York Convention. Despite the suggestion of the German delegate, the conference inserted Article 2 in the Convention without any reference to the concept of arbitral award.

The language used in Article 2 seems to lead us to the conclusion that all kinds of arbitration agreements are covered by the Convention. This idea is supported by Quigley[14] who indicates in his article about how the New York Convention that the context of Article 2 "is such as to extend the treaty (New York Convention) rule to purely domestic contracts as well".[15]

---

11 Sept. 24, 1923, 27 L.N.T.S. 158 U.K.T.S. No. 4; 2 Hudson, International Legislation 1062-65.

12 Leonard V. Quigley, Accession by the United States to the United Nations Convention on the Recognition and Enforcement of Foreign Arbitral Awards, 70 the Yale Law Journal (1961), 1049.

13 *The Mauritus Sugar Syndicate; Tate & Lyel Refineries Ltd.; Emcar Ltd.; Adam & Co. Ltd. v. Black Lion Shipping Co. S.A.; London Steamship Owners' Mutual Insurance Association* (1978) 1 Lloyd's Law Reports pp. 545-563 (hereinafter cited as the *Rena K* case).

14 *Supra* note 12 at 1063.

15 See Paolo Contini, "International Commercial Arbitration" 7 Am. J. Comp. L. 283, 1959. This author shares the same opinion, at p. 296.

However, such an interpretation is not consistent with the spirit of the New York Convention. The aim of the Convention is the recognition of foreign arbitral awards. The goal of that treaty is not to compel the contracting states to recognize, and enforce as well, domestic arbitration awards but to require them to enforce *foreign* awards.

A congruent interpretation of Article 2 forces us to understand this provision within the context of the Convention. Therefore, Article 2 must be read in the light of Article 1 of the New York Convention.

Article 1 defines the kinds of awards which are governed by the New York Convention. It provides that the Convention "shall apply to the recognition and enforcement of arbitral awards made in the territory of a state other than the state where the recognition and enforcement of such awards are sought ..., it shall also apply to arbitral awards not considered as domestic awards in the state where their recognition and enforcement are sought".

Thus Article 1 establishes the criteria that determine the scope of the Convention as a whole. The criteria incorporated in said article are the territorial concept and the civil law 'domestic-foreign' definition. It is very important to note that according to the language and history of this provision, the civil law criterion does not constitute a limitation on the territorial test.[16] Hence if an award is made in the territory of a country other than the state where recognition is sought, such state must recognize it even though under its own domestic law the award may be considered as a domestic one.

The determination of these criteria was one of the most controversial issues during the Conference. The Ad Hoc Committee was established by the United Nations Economic and Social Council[17] to prepare a draft convention on recognition of foreign awards. When drafting the Convention,

---

16 See Quigley, *supra* note 12 at 1061. But see Peter S. Smedresman, "Conflicts of Laws in International Commercial Arbitration": A Survey of Recent Developments. 7 Cal. West International Law Journal 263 at 314. See also Dorothee Schramm, Elliot Geisinger & Philippe Pinsolle, "Article II" in Herbert Kronke et al, eds, Recognition and Enforcement of Foreign Arbitral Awards (The Hague: Kluwer Law International, 2010) 37 at 41. See Reinmar Wolff, "Article II" in Reinmar Wolff, ed, New York Convention: Commentary (Oxford: Hart, 2012) 100; and Jean-Francois Poudret & Sébastien Besson, Comparative Law of International Arbitration (London, UK: Sweet and Maxwell, 2007) at 489.

17 U.N. Resolution 520 (XVII) April 6, 1954.

the Committee chose only the territorial criterion to define the scope of the Convention.

The delegates of Italy, Germany and other countries[18] indicated that such a criterion was inadequate to determine whether an arbitration award should be considered as foreign or domestic.

These countries pointed out that there were other criteria such as the nationality of the parties, the law governing the arbitration proceedings, etc. which should have been taken into account in the determination of the nationality of the award.

It was requested by such countries that the territorial criterion be substituted by the foreign domestic approach used in the civil law countries. In other words, that the Convention would be applicable only to those awards not considered as domestic in the territory of the state where recognition was sought.

The solution of this issue was referred to a working party formed by 10 countries.[19] This party tried to reconcile the opposing criteria by including both in the Convention and by allowing states to exclude some kinds of awards rendered abroad but considered as domestic in the territory of the state where recognition was sought, from the coverage of the Convention.

However the possibility of some exclusions was not accepted at the conference. Therefore the language and the historical background of the article lead us to the conclusion that the second criterion established in Article 1, paragraph 1, of the New York Convention does not constitute a limitation on the territorial test. Thus the intent of the civil law countries to impose some limitations on the territorial criterion was not achieved.

Then the contracting states are obliged to take into account these two criteria when determining the scope of Article 2 of the New York Convention. In sum, Article 2 must be read in light of the spirit of the Convention.[20]

---

18 France and Turkey.

19 France, Colombia, Czechoslovakia, Germany, India, Israel, Italy, Turkey, USSR and England.

20 Compare the Geneva Protocol of 1923 with the New York Convention *supra* note 11. The Geneva Protocol of 1923 dealing with arbitration agreements tries to solve the problem of the nationality of the agreement by saying that it applies to arbitration agreements between parties "subject respectively to the jurisdiction of different contracting states" (Art. 1). This criterion has been criticized on the ground that the expression "under the jurisdiction of ..." is very ambiguous and uncertain. See Quigley *supra* note 12 at 1055 and Contini, *supra* note 15 at 289.

Let us now clarify the issue of the scope of Article 2 by considering some cases of implementing legislation.

IMPLEMENTING LEGISLATION

As we mentioned before, Article 2 of the New York Convention does not specify the kinds of arbitration agreements to which the Convention applies. There are three main criteria which may be applied by the contracting states when deciding upon the scope of Article 2:

1) When the arbitration agreement provides for arbitration abroad. And in the absence of this territorial criterion,[21]
2) When one of the parties to the arbitration agreement is not a national or a resident of the country where the recognition of the agreement is sought.[22]
3) When the arbitration agreement involves a transaction which has substantial international contacts.

Article 1-1 of the New York Convention is the foundation which gives support to the three criteria most commonly used by either contracting states when implementing Article 2 of the Convention or by courts when applying it.

The first criterion is an analogical application of the first part of Article 1, paragraph 1, which establishes that the Convention "shall apply to the recognition and enforcement of arbitral awards made in the territory of a state other than the state where the recognition and enforcement of such

---

21 See Judgement of February 27, 1970 n° 470. Corte di Cassazioni (Sez. Un.) Italy (1976) 1 Y.B. Comm. Arb. (International Council for Commercial Arbitration. Judgment of November 10, 1973 N° 2969. Corte di Cassazioni (Sez. Un.) Italy (1976) 1 Y.B. Comm. Arb. (International Council for Commercial Arbitration. Judgement of March 22, 1976. Tribunale di Milano, Italy (1976) 1 Y.B. Comm. Arb. (International Council for Commercial Arbitration). See also P. Sanders, Commentary on Vols. III & IV of Y.B. Comm. Arb. (1979) 4 Y.B. Comm. Arb. At 237-238.

22 See Judgement of November 17, 1971. Oberster Gerichtshof, Austria (1976) 1 Y.B. Comm. Arb. (International Council for Commercial Arbitration. Antico Shipping Co. Ltd. v. Sidermar S.P.A. 417 F. Supp. 207 (S.D.N.Y.) 1976. Koch Shipping Inc. v. Associated Bulk Carriers, Court of Appeals, July 20-21, 1977 (1978) 1 Lloyd's Law Reports 24. See also Sanders *supra* note 21 at 238.

awards are sought…"[23] The other two criteria are an application of the last part of Article 1-1 which says that the Convention "shall also apply to arbitral awards not considered as domestic in the state where their recognition and enforcement are sought".[24] These last two criteria rest upon the civil law 'foreign-domestic' approach.

In sum, contracting countries shall have to recognize and enforce arbitration agreements when such agreements provide for arbitration in a foreign country (territorial test) and when states consider said agreements as non-domestic pursuant to their corresponding legislation (foreign-domestic approach).

We would like now to analyze two cases of implementing legislation concerning the interpretation of the scope of Article 2 of the New York Convention, along with the UNCITRAL Model Law on International Commerce.

UNITED STATES ARBITRATION ACT[25]

The New York Convention in the United States has been regarded as *self-executing*, specifically for Articles II, III, IV, V and VI, which ensures a full applicability of its text considered as "directly applicable in American courts without the interposition of domestic implementing legislation".[26] The enactment of Chapter 2 of the United States Arbitration Act does not suggest a *non-self-executing* consideration of the Convention, as proposed by Born.

In fact, the referred legislation was adopted for a proper implementation of the Treaty. The United States Arbitration Act deals primordially with ancillary provisions, as procedural issues that "inevitably arise and

---

23 U.N. Doc No. E/CONF 26/9/Rev. 1, 330 U.N.T.S. 38. It is an analogical application because in the case of the awards (Article 1) states have to recognize them when the awards are rendered in the territory of a foreign country. On the other hand, in the case of arbitration agreements states shall recognize them when such agreements provide for arbitration abroad.

24 *Ibid.*

25 Title 9, U.S. Code §§ 1-14, first enacted February 12, 1925 (43 Stat. 883), codified July 30, 1947 (61 Stat. 669) and amended September 3, 1954 (68 Stat. 1233). Chapter 2 added July 31, 1970 (84 Stat. 692) U.S. Arbitration Act S2, 9 U.S.C. S2 (1970).

26 Born, *supra* note 1, at 145 to 161.

must be resolved in order to allow effective enforcement of the Convention's substantive terms".[27]

Chapter 2 of this Act deals with the New York Convention. Section 202[28] establishes when an arbitration agreement falls under the coverage of the Convention.

Section 202[29] reads as follows:

> An arbitration agreement or arbitral award arising out of a legal relationship, whether contractual or not, which is considered as commercial, including a transaction, contract, or agreement described in section 2 of this title, falls under the Convention. An agreement or award arising out of such a commercial relationship which is entirely between citizens of the United States shall be deemed not to fall under the Convention unless that relationship involves property located abroad, envisages performance or enforcement abroad, or has some other reasonable relation with one or more foreign states. For the purpose of this section a corporation is a citizen of the United States if it is incorporated or has its principal place of business in the United States.

Section 202 of the U.S. Arbitration Act neither defines the concept of a foreign arbitration agreement nor explicitly the concept of a domestic one. It seems that the Convention covers all arbitration agreements except those consummated between parties who are citizens of the United States.

The exception mentioned in the previous paragraph is applicable unless the legal relationship, from which the arbitration agreement arises, involves property located outside the United States territory or has some substantial contacts with one or more foreign states. In other words, arbitration agreements entered into by American citizens fall under the Convention when said agreements involve international transactions. This means that the United States implementing legislation for the New York Convention limits the reach of the territorial criterion established in article 1, paragraph 1, of the Convention. We think that this limitation is not in accordance with the spirit of the New York Convention. In our opinion the criteria used by contracting states when limiting the scope of Article 2 have to be considered in light of Article 1, paragraph 1, of the Convention. This provision incorporates the territorial test without reference to the concept of nationality of the parties.[30]

---

27 *Id.*

28 9 U.S.C. section 202 (1970).

29 9 U.S.C. section 202 (1970).

30 See Smedresman, *supra* note 16 at p. 316.

In this respect it is interesting to note that under previous Italian law[31] an agreement referring disputes between Italian citizens to arbitration outside Italy was invalid. However, courts in Italy ruled that the New York Convention as *ius supervenieus* derogated from the provision which made such kind of agreements invalid. In *Total Soc. Itpa* v. *Archille Lauro*[32] the parties to a charter agreement were both Italian citizens. The contract contained an arbitration clause providing for arbitration in London. Lauro brought a legal action before an Italian court. Total attacked the jurisdiction of the court invoking the existence of a valid arbitration clause. The court held that the Convention of New York had abolished the provision of the Italian Code of Civil Procedure which prohibited submission of disputes between Italians to a foreign arbitration.

The court also ruled that the Convention does not require a diversity of nationality of the parties to the agreement when it provides for arbitration *outside* the Italian territory; in other words, the court affirmed the territorial test incorporated by the Convention in Article 1.[33] In sum, the Italian court interpreted Article 2 of the New York Convention in light of Article 1, paragraph 1, of the same Convention. The court applied the territorial test without taking into account the concept of nationality of the parties to the agreement. This case indeed supports the idea that contracting states when limiting the scope of Article 2 should take into consideration the spirit of the Convention.

Let us now come back to Section 202 of the U.S. Arbitration Act. *Fuller Co.* v. *Compagnie des Bauxites de Guinée*[34] gives this section for the first time a "thoughtful reading".[35]

In 1970 Fuller and the defendant (a U.S. corporation) concluded a contract under which the former agreed to build and equip a plant in Guinea

---

31 See Giuseppe Mirabelli, "Application of the New York Convention by the Italian courts". 1979 Y.B. Comm. Arb. (International Council for Commercial Arbitration) at p. 362. See also "International Arbitration in Italy: 2022 Amendments", Aceris Law, (2023), https://www.acerislaw.com/international-arbitration-in-italy-2022-amendments/.

32 Judgment of January 25, 1977. Corte di Cassazioni (Sez. Un.) Italy (1979) 4 Y.B. Comm. Arb. (International Council for Commercial Arbitration).

33 See also Judgement of December 13, 1971, n° 3620. Corte di Cassazioni (Sez. Un.) Italy (1976) 1 Y.B. Comm. Arb. (International Council for Commercial Arbitration).

34 421 F. Supp. 939 (W.D.Pa. 1976).

35 Smedresman, *supra* note 16 at p. 315.

for the defendant. A defendant's consultant engineer issued a provisional certificate of acceptance with some reservations relating to some defects in the equipment supplied by Fuller.[36]

The certificate of acceptance was issued in accordance to one of the clauses of the contract which required the defendant to issue it as an acknowledgement of Fuller's proper execution of the contract.

On January of 1975, a meeting between the two parties was held in Pittsburg, Pennsylvania. Fuller alleged that in said meeting they reached a final settlement of all the differences which had arisen from the contract, making the arbitration clause inoperative. On the other hand, the defendant argued that the meeting did not result in any final settlement.[37] Then the defendant in November of 1975, initiated arbitration pursuant to an arbitration agreement contained in the underlying contract. The arbitration clause provided for arbitration in Geneva, Switzerland; however, the parties agreed that arbitration, if ordered, would take place in Pittsburgh, Pennsylvania. Fuller brought an action seeking a determination of the binding effects of the alleged final settlement. Then the defendant moved for a stay of the trial.

The court had to determine for the first time if the New York Convention was applicable to contracts executed between citizens of the United States. No court had before solved this issue.[38]

The court indicated[39] that the New York Convention is applicable if *any* one of four conditions are met:

1) the contract involves property located abroad;

2) the contract[40] envisages performance abroad;

---

36 421 F. Supp. At 939

37 *Id.* at p. 939.

38 *Id.* at p. 941.

39 *Id.* at p. 941.

40 The court is referring to the underlying contract, not to the arbitration agreement. If the U.S. Arbitration Act said that the Convention would be applicable to arbitration agreements between American citizens when such agreements provided for arbitration abroad, then there would not be any problem in deciding upon the applicability of the Convention since in the instant case the agreement provided for arbitration in Geneva. As it was said before, section 202 limits the territorial test established in Article 1, when two American citizens are the parties to the agreement. According to the Act, a "foreign-domestic" definition is used

3) the contract envisages enforcement abroad;

4) the contract has some other reasonable connections with one or more foreign states.

The court ruled that the contract met the requirement under section 202 of the envisaging performance abroad.[41] Thus the arbitration agreement feel under the Convention.

The court in the instant case when deciding upon the scope of the New York Convention concerning arbitration agreements, applied, according to section 202, a "foreign-domestic" definition instead of the territorial test, according to which the Convention applies to arbitration agreements pro-

---

to determine the scope of the Convention in cases involving American citizens. It may be argued that the purpose of section 202 as to the American citizens rule is to prevent parties from avoiding the U.S. legal system. However, we think that there are other channels through which that purpose can be achieved such as the concept of public policy or arbitrability.

41 The court said also that:

In addition to the substantial amount of performance of this contract in Guinea already mentioned, a number of other foreign contacts serve to create a "reasonable relationship with one or more foreign states":

(1) Under the original agreement, arbitration was to occur in Geneva, Switzerland. Thus, the original agreement envisaged enforcement overseas, although the parties have subsequently agreed to arbitration in Pittsburgh, Pennsylvania.

(2) Section 2(s) of Contract No. 16 requires Fuller to deliver replacement parts to Port Kamsar, Guinea (Further performance overseas).

(3) Section 2(d)(ii) (1) of Contract No. 16 requires Fuller to be afforded full access and opportunity to recommend modification or adjustments of the equipment in Guinea after the start-up of industrial relations (Further performance overseas).

(4) Section 2(d)(ii) (5) of Contract No. 16 guarantees Fuller full access and opportunity to recommend improvements of possible defects as to the functioning or manufacturing, during the performance tests of the equipment in Guinea (Further performance overseas).

(5) To the extent that Fuller had erection responsibilities in Guinea, it is arguable that the contract involves property abroad. But in light of the ambiguity in the contract in this regard and the fact that Fuller shipped the good FOB Philadelphia, the court places little reliance on this point.

(6) Tractionel is headquartered in Brussels, Belgium, and appears to have had important connections with all phases of this contract as witnessed by their attendance at the January 28, 1975, meeting in Pittsburgh, Pennsylvania. Under Section 8.6.2 of Volume I—General Conditions, Fuller was to apply to Tractionel for the issuance from Brussels, Belgian of provisional and Final Acceptance Certificates.

421 Fed. Supp. 938 at p. 943.

viding for arbitration in a state other than the state where the enforcement is sought.

After having decided the issue of the scope of Article 2 of the New York Convention, the court moved on to solve the issue of the validity of the arbitration agreement. The issue of the validity will be analyzed in the next chapter.

Therefore, according to section 202 of the United States Arbitration Act, the New York Convention will be applicable, whether or not the agreement provides for arbitration outside the United States, if the agreement to arbitrate is between:

1) a foreigner and a U.S. citizen
2) two foreigners
3) American citizens who are involved in a transaction which meets the requirement discussed in the *Fuller* case.[42]

To recapitulate, section 202 implementing Article 2 of the New York Convention contains a *rule* which limits the principle of territoriality. This principle is incorporated in the New York Convention as the most important criterion in determining the scope of the Convention. In our opinion, states when implementing the Convention should *avoid* establishing limitations or exceptions to this principle. Such limitation may well frustrate in some instances the goal of the Convention which is the recognition and enforcement of foreign arbitration awards.

UNCITRAL MODEL LAW ON INTERNATIONAL COMMERCIAL ARBITRATION[43]

The UNCITRAL Model Law was created as a reference for national legislations with different legal, social, and economic traditions, with the intent of contribution to the development of harmonious international economic relations. This document was elaborated in 1985, receiving little variations other than amendments adopted in 2006.

---

42 See also: Fred Freudensprung v. Offshore Technical Services, Inc., et al., Court of Appeals, Fifth Circuit, United States of America, 9 August 2004, 03-20226.

43 UNCITRAL Model Law on International Commercial Arbitration, 1985 (with amendments as adopted in 2006), United Nations Commission on International Trade Law, United Nations, 2008.

As stated by the Supreme Court of Canada in *Yugraneft Corp.* v. *Rexx Management Corp.*

> the Model Law was developed in 1985 by the United Nations Commission on International Trade Law (UNCITRAL). Unlike the New York Convention, which is a treaty, the Model Law is not an international agreement intended for ratification. Rather, it is a codification of international "best practices" intended to serve as an example for domestic legislation.[44]

The explicit purpose in the issue of this document by the United Nations Commission on International Trade Law was to establish a unified legal framework for the settlement of disputes in the context of international commercial relations.

> Article 1 of the the UNCITRAL Model Law defines its own applicability:
> (a) this Law applies to international commercial arbitration, subject to any agreement in force between this State and any other State or States.
> (b) ...

Considering an arbitration as international if:

> (c) the parties to an arbitration agreement have, at the time of the conclusion of that agreement, their places of business in different States; or
> (d) one of the following places is situated outside the State in which the parties have their places of business:
> a. the place of arbitration is determined in, or pursuant to, the arbitration agreement;
> b. any place where a substantial part of the obligations of the commercial relationship is to be performed or the place with which the subject-matter of the dispute is most closely connected; or
> (e) the parties have expressly agreed that the subject matter of the arbitration agreement relates to more than one country.

As it may be seen, the text of the Model Law encompasses the territorial criterion for the definition of the international arbitration agreements. In the words of Ramani Garimella, "the territoriality principle has been firmly placed into the UNCITRAL Model Law",[45] principally, as a means of ensuring certainty in arbitral matters.

---

44 Judgement of May 20, 2010, Supreme Court of Canada, Canada (2010) Yugraneft Corp. v. Rexx Management Corp., 2010 SCC 19, [2010] 1 S.C.R. 649.

45 Sai Ramani Garimella, "Territoriality Principle in International Commercial Arbitration – The Emerging Asian Practice", 11th Annual Conference of the Asian Law Institute (ASLI) at Kuala Lumpur, Malaysia, 29-30, 2014, 1.

According to the territorial principle consecrated in this legal text, arbitration tribunals' faculties derive from a delegation from the State which mandates the application of the *lex fori*. If an international arbitral agreement or clause exists between two parties, courts are deemed to act exceptionally, in the appointment, challenge and termination of arbitrators (Articles 11, 13 and 14), jurisdiction of the arbitration tribunal (Article 16), and dismissal of the arbitral award (Article 34).[46] In this sense, parties are at freedom to agree upon the functioning of international commercial arbitration according to their needs and expectations.

Many member states of the New York Convention have adopted the Model Law in its entirety, while some other countries have adopted it with certain modifications and/or reservations. For example, in the case of Spain, its legal provisions on arbitration, domestic and international, are set forth in Act 60/2003, which clearly follows the cited UNCITRAL Model Law, especially in connection with the requirements of the arbitration agreement and interim measures. Spain signed the New York Convention on April 29, 1977, with no reservations.

MEXICAN CODE OF COMMERCE[47]

Mexican legislation governs Commercial Arbitration as a special kind of Commercial Proceeding. The laws applicable to this alternative dispute resolution mechanisms are found in the Code of Commerce, Title IV of Section V, which was added by a reform occurred in July 22, 1993. According to Julio C. Treviño, it would have been convenient to create a new law, which explicitly detailed the incorporation of the UNCITRAL Model Law; however, there is no practical consequence considering the location of this legal provision.[48] Article 1416 establishes the following definitions:

> Article 1416.- For the purposes of this title, the following definitions shall apply:
> (...)
> III.- International arbitration, that in which:

46 *Ibid.*

47 Originally published in the Federal Official Gazette in 1889, last updated in 2018.

48 Julio C. Treviño, "The new Mexican legislation on international arbitration", ("La nueva legislación mexicana sobre arbitraje internacional"), Journal International Arbitration, vol. II, n. 4, Geneve, 1994, 35-36.

> a) The parties, at the time of the conclusion of the arbitration agreement, have their places of business in different countries; or
> b) The place of arbitration, determined in or pursuant to the arbitration agreement, the place of performance of a substantial part of the obligations of the business relationship or the place with which the subject matter of the dispute is most closely connected, is located outside the country in which the parties have their places of business. For the purposes of this section, if any party has more than one place of business, the place of business shall be that which has the closest relationship to the arbitration agreement; and if a party has no place of business, its habitual residence shall be taken into account;
> (...)

Substantially, the Code of Commerce introduces the Model Law with an additional reference to the UNCITRAL Arbitration Rules, for the regulation of costs and other procedural rules. In general, this reform allows a base for the harmonization of national laws, following the example given by the most advanced arbitration legislations in the world.[49]

Differences between the Mexican Code of Commerce and the UNCITRAL Model Law are minimum, resumed by Treviño as follows: a) the Mexican Code of Commerce applies to both domestic and international arbitration; b) arbitrators are entitled to defining the applicable substantive law in the absence of a valid choice of law clause, with no direct restriction concerning the rules of the conflict deemed as fitting; c) Mexican legislation provides the existence of a single arbitrator, opposed to the tri-partite tribunal of the Model Law; and d) costs are defined with a reference to the UNCITRAL Arbitration Rules.[50]

Concerning the recognition and execution of foreign arbitral awards, Mexican legislation closely follows the New York Convention and the Panama Convention on International Arbitration. In general, Mexican legislation favors international arbitration as a consequence of the amendments to the Commercial Code, as it shall be mentioned below, and of the legal provisions of international commercial treaties, especially those celebrated with the United States of America and Canada.[51]

---

49 *Ibid.*

50 *Id.* at 37.

51 See rules concerning Investment Arbitration as governed by the USMCA in https://ecija.com/sala-de-prensa/mexico-el-arbitraje-de-inversion-y-el-t-mec/.

Chapter II
Validity of the Arbitration Agreement

This chapter, which is in our opinion the core of this book, will deal with the issue of the validity of arbitration agreements.

In accordance with Article 2 of the New York Convention, courts of the contracting states are required to recognize foreign arbitration agreements. The effect of such recognition is the obligation of the corresponding courts to refer the parties to arbitration. The condition for the referral is precisely the existence of a *valid arbitration agreement.*

The provisions of Article 2 of the New York Convention are applicable when:

1) Despite the existence of an arbitration agreement a judicial action is brought by one of the parties and the other in response, invokes the arbitration agreement to move for a referral to arbitration.
2) One party to the agreement invokes the court's aide to compel the recalcitrant party to arbitration on the ground of a valid arbitration agreement.

In both cases courts have the last word in deciding whether or not there is a valid arbitration agreement. The jurisdiction of the arbitrator is always in the hands of the court when the validity of the agreement is challenged by one of the parties either by bringing a legal action or by refusing to participate in the arbitration.[52]

It is important to mention that, as a general rule, courts limit their inquiry to matters related to the *prima facie* validity of the arbitration agreement itself. Courts are not to inquire into the validity of the contract which underlies the arbitration clause.

This limitation on the role of courts is a result of a generally accepted theory of separability of the arbitration agreement. This theory means that the validity of the arbitration clause is separable from the underlying contract. The arbitration agreement is not affected by the possible illegality of

---

52 See Peter Sanders, "International Commercial Arbitration". Arbitrage Comm. *Essais in Memoriam E. Minoli* 467 at p. 483.

the main contract. Most countries which have adhered to the Convention have accepted the doctrine of separability, including Mexico.[53]

In *Prima Paint Corp.* v. *Flood & Conklin Manufacturing Co.*[54] the doctrine of separability was adopted by the Supreme Court of the United States. Although this case involved a purely domestic controversy, nonetheless courts heavily relied upon its rationale when dealing with a foreign arbitration agreement.[55]

The doctrine of separability is concerned with the distribution of competence between courts and arbitrators. The law governing this issue is the law of the place where the proceedings are being held. This is so because the concept of jurisdiction is a matter of procedural law and it is very well recognized among countries that legal proceedings as a general rule are governed by *lex fori.*[56]

To recapitulate, courts decide *prima facie* the issue of whether the arbitration agreement is valid or not. Thus the validity of the arbitration clauses rests upon the court of the country first hearing a request for a referral to arbitration.[57] According to Article 2-3:

---

53 See 1, 2, 3, 4, 5 Y.B. Comm. Arb. (International Council for Commercial Arbitration) National Reports. See also Fiona Trust & Holding Corp. v. Privalov, Court of Appeal, England and Wales, 24 January 2007, 2006 2353 A3 QBCMF, upheld by Fili Shipping Co. Ltd. and others v. Premium Nafta Products Ltd. and others, House of Lords, England and Wales, 17 October 2007; Claimant v. Ocean International Marketing B.V., et al., Court of First Instance of Rotterdam, Netherlands, July 29, 2009, 194816/HA ZA 03-925; Ramasamy Athappan and Nandakumar Athappan v. Secretariat of Court, International Chamber of Commerce, High Court of Madras, India, October 29, 2008; Oberlandesgericht [OLG] Celle, Germany, 8 Sch 3/01, October 2, 2001 (UNCITRAL Secretariat Guide on the Convention on the Recognition and Enforcement of Foreign Arbitral Awards). See also "Guide of Mexican Arbitration Law", Zeiler, Floyd, Zadkovich, https://www.zeilerfloydzad.com/wp-content/uploads/2020/08/ZFZ-Mexican-Arbitration-Law-Guide.pdf

54 388 U.S. 395 1967. See also Moseley v. Electronic Facilities 374 U.S. 167, 1963.

55 See Sumaza v. Cooperative Ass'n 297, F. Supp. 345 (D.P.R. 1969).

56 See Smedresman, *supra* note 16 at pp. 272, 338. One could argue here that the doctrine of the autonomy of the parties should be taken into account in the solving of this issue. See also Mertcan Ipek, "Interpretation of Article II(3) of the New York Convention", Marmara Üniversitesi Hukuk Fakültesi Hukuk Araştırmaları Dergisi, Volume 23, Issue 3, 692, 2017.

57 See Quigley, *supra* note 12 at 1055. Sanders, *supra* note 52 at 483. Samuel Pisar, "The United Nations Convention on Foreign Arbitral Awards". 1959, J. Bus. L. 219 at 220. See also G. Aksen, "Application of the N.Y. Convention by U.S. Courts"

> The court of a contracting state, when seized of an action in a matter in respect of which the parties have made an agreement within the meaning of this article, at the request of one of the parties, [shall] refer the parties to arbitration, unless it finds that the said agreement is null and void, inoperative or incapable of being performed.

Then, when Article 2 is applicable, courts have to refer parties to arbitration *if* the arbitration clause is a valid one. This judgement on the validity made by courts is independent from the legality of the main transaction which gives life to the arbitration clause. We have been insisting on this point because we think it is crucial in the understanding of the content of Article 2 of the New York Convention.

The *Fuller* case[58] represents a good example of how courts handle the issue of the validity of the arbitration agreement itself. In this case, part of which was analyzed previously, the court solved the issue of the scope of the Convention as well as the problem of the validity of the arbitration clause itself, leaving to the arbitrators the solving of the issue of interpretation of the main contract. In the instant case, the issue of whether there was a new contract which made the arbitration agreement inoperative was left to the decision of the arbitrator because said issue was "attached" to the main contract.

Under the law applicable[59] to the arbitration clause, only a new contract terminates the life of an arbitral clause; whether or not the settlement alleged by Fuller constituted a new contract had to be decided by the arbitrators according to the court.[60]

Then, assuming *arguendo* that the arbitrators had decided that the alleged settlement reached in the meeting held in January of 1975 constituted a new contact, the arbitration agreement would have become inoperative, according to the provisions of the corresponding applicable law.

In this very interesting case the doctrine of separability was indeed fully applied. The life of the arbitration agreement was treated independently from the life of the contract itself. This doctrine was taken into account

1979 Y.B. Comm. Arb. 341 at p. 348. See also Switzerland No 43, X Holding AG v Y Investments NV, Bundesgerichtshof (2010), 36 YB Comm Arb 343 at para 10 [X Holding].

58 421 F. Supp. 938.

59 *Id.* at p. 948.

60 *Id.* at p. 948. See description of this case on page 13 of this book.

notwithstanding that the life of the arbitration agreement depended upon the interpretation of the issues substantially related to the main contract such as the alleged settlement. As we said before, said interpretation was left to the arbitrators.

The court found *prima facie* that the arbitration agreement was a valid one. It found that the agreement was alive according to the tests established in Article 2 of the New York Convention and which will be discussed later in this chapter. Thus, the final confirmation of such a finding was a task to be performed by the arbitrators.

The consequence of this is that the court allowed the arbitrators to decide upon their own competence. In our opinion this was so because the main issue (the issue of the new contract) was closely connected to the underlying contract. Thus, the issue fell within the field of the arbitration and outside the domain of the court. The domain of the court is limited by the boundaries of interpretation of the validity of the arbitration clause itself, in accordance with the content of Article 2 of the New York Convention.[61]

Mr. Holtzmann[62] says that the only question before a court when deciding on a request for a referral to arbitration pursuant to Article 2 of the New York Convention, or in other words when dealing with the validity of the arbitration clause, is whether the issue involved in the suit is covered by the arbitration agreement. We disagree with this interpretation. We think that there can be more questions which have to be solved by courts in cases falling under the provision of Article 2. This problem conveys us to the issue of the definition of the validity of the arbitration agreement.

---

61 See also Becker, Auto Radio v. Becker Autoradiowerk GmbH, F.2d 39 (3rd Cir. 1978). In that regard, Article 16 (1) of the UNCITRAL Model Law states the following:
The arbitral tribunal may rule on its own jurisdiction, including any objections with respect to the existence or validity of the arbitration agreement. For that purpose, an arbitration clause which forms part of a contract shall be treated as an agreement independent of the other terms of the contract. A decision by the arbitral tribunal that the contract is null and void shall not entail *ipso jure* the invalidity of the arbitration clause.

62 Mr Holtzmann, 1977 Y.B. Comm. Arb. (International Council for Commercial Arbitration) at p. 124.

The validity of the arbitration agreement at the stage of Article 2 of the Convention has to do with the arbitrability of the subject matter submitted to arbitration and with other concepts such as those mentioned in Articles 2-3 of the Convention which shall be analyzed soon. We can say that the "invalidity" of the arbitration agreement may indeed have many causes. Let us explain now these causes or sources of invalidation.

According to Article 2 of the New York Convention, courts shall compel parties to arbitration unless they find that:

1) The subject matter is not capable of settlement by arbitration. We shall call this the issue of *"arbitrability"* of the dispute (Article 2, paragraph 1).[63] This issue as well as the law governing the same will be discussed independently from the other two issues related to the question of the validity of the arbitration agreement and which are mentioned below.

2) The arbitration agreement is "null and void, inoperative or incapable of being performed". This source of invalidation includes the issue of whether a dispute falls under the scope of the arbitration agreement (Article 2, paragraph 3). This shall be cited as the "invalidity" problem.

3) The arbitration agreement does not comply with the formal requirements established in Article 2, paragraph 2. This shall be referred to as the problem of *"formal validity"* of the arbitration agreement.

These three main issues which have to be decided by courts when dealing with cases falling under the coverage of Article 2 of the Convention, are indeed truly limits to their jurisdiction. Once courts reach the conclusion that the arbitration agreement is a valid one, then it is their responsibility to refer parties to the corresponding arbitration. Thus, the jurisdiction of courts ceases to have effect. A valid arbitration agreement means for courts "hands off"[64] in the words of Peter Sanders and other authors, as Giacomo Marchisio.

---

63 Article 2-1 reads: "Each contracting state shall recognize an agreement in writing ..., concerning a *subject matter capable* of settlement by arbitration".

64 Peter Sanders, "New York Convention on the Recognition and Enforcement of Foreign Arbitral Awards," 6 Neth. Rev. Int' L. 43 at 49. In the words of the Supreme Court of Canada, "arbitration is part of no state's judicial system" and "owes its existence to the will of the parties alone", Judgement of July 13, 2007, Supreme Court of Canada, Canada (2007) Dell Computer Corp. v. Union des

The significance of the recognition of the arbitration agreement is precisely the idea that courts of the contracting states must respect the role of arbitrators by referring parties to arbitration.[65]

Courts of the contracting states in enforcing valid arbitration agreements are in actuality recognizing the freedom of the parties. The Swiss Federal Tribunal has interpreted Article 2 of the New York Convention in this sense.[66]

It must be noticed that Article 2 of the New York Convention does not provide explicitly for recognition of the "validity" of arbitration agreements, but it does so in an implied way. Courts have the obligation to recognize and enforce said agreements, unless they find that the arbitration agreements are invalid. It follows from this that courts, in not finding invalid arbitration agreements, are indeed recognizing their validity by ordering the parties to arbitration.

The original draft of Article 2, paragraph 1, whose wording was proposed by Sweden,[67] represented an attempt to reenact Article 1 of the Geneva Protocol of 1923[68] which required that states "recognize the validity" of arbitral clauses. Said draft provided that the contracting states had to recognize an arbitration agreement "as valid". This last expression was deleted form the text of the Convention. According to Quigley,[69] the reason for the deletion was due to the drafters' failure to limit explicitly the scope of Article 2. Such a failure in his opinion led countries to the conclusion that Article 2 was also applicable to purely domestic arbitration agreements. This issue of the scope has been discussed previously.

---

consommateurs, [2007] 2.S.C.R. 801, 2007 SCC 34. *Cf.* Giacomo Marchisio, "The Validity of the Arbitration Agreement in International Commercial Arbitration", McGill University, 2014, at p. 11, whose bibliographical references have been especially useful.

65 See e.g., Lindo (Nicaragua) v. NCL Ltd. (Bahamas), Court of Appeals, Eleventh Circuit, United States of America, August 29, 2011, 10-10367; Ernesto Francisco v. Stolt Achievement MT, Court of Appeals, Fifth Circuit, United States of America, June 4, 2002, 01-30694.

66 See Tradax Export S.A. v. Amoco Iran Oil Company, Federal Tribunal, Switzerland, February 7, 1984.

67 E/CONF. 26/L8.

68 *Supra* note 11.

69 Quigley, *supra* note 12, at 1063.

We think that the deletion of the expression "as valid" did not affect the content of Article 2 of the New York Convention. The fact that said article does not expressly require that contracting countries recognize "as valid" arbitration agreements, is not relevant since as we said before, the effect of the "naked"[70] recognition provided for in Article 2, paragraph 1, is explained with enough clarity in paragraph 3 of the same article.

Thus, Article 2 tacitly requires the contracting states to recognize "as valid" the arbitration agreements found by their corresponding courts not invalid. In sum, the deletion did not alter the substance of the provision. Accordingly, the UNCITRAL Secretariat Guide on the Convention on the Recognition and Enforcement of Foreign Arbitral Awards states that "the mandatory nature of the requirement to recognize and enforce arbitration agreements has been confirmed by decisions in most jurisdictions".[71]

Summarizing, Article 2, paragraph 1, establishes the general obligation of the contracting states to recognize arbitration agreements falling within the scope of the Convention. On the other hand, Article 2, paragraph 3, "spells out" the meaning of such obligation and its corresponding effects as well. Article 2 of the New York Convention has to be read as a whole in order to avoid incorrect or partial interpretations of said article. Authors, in concluding that under the terms of Article 2-1 states are not required to grant specific performance of the arbitration agreement referring parties to arbitration,[72] are not reading as a whole Article 2 of the Convention.

---

70 In contrast with "recognition of the validity" established in the original draft and in the Geneva Protocol of 1923.

71 UNCITRAL Secretariat Guide on the Convention on the Recognition and Enforcement of Foreign Arbitral Awards (New York, 1958), United Nations, 2016 Edition, pg. 57. This statement is supported by Seeley International Pty Ltd. v. Electra Air, Federal Court, Australia, January 29, 2008, SAD 157 of 2007; Sunward Overseas SA v. Servicios Marítimos Limitada Semar, Supreme Court of Justice, Colombia, November 20, 1992, 472; SA C.F.T.E. v. Jacques Dechavanne, Court of Appeal of Grenoble, France, September 13, 1993; Westco Airconditioning Ltd. v. Sui Chong Construction & Engineering Co. Ltd., Court of First Instance, High Court of the Hong Kong Special Administrative Region, Hong Kong, February 3, 1998, A12848; Renusagar Power Co. Ltd. v. General Electric Company and anor., Supreme Court, India, August 16, 1984; Louis Dreyfus Corporation of New York v. Oriana Soc. di Navigazione S.p.a, Court of Cassation, Italy, February 27, 1970, 470, I Y.B. Com. Arb. 189 (1976).

72 See e.g., Quigley, *supra* note 12 at 1063.

THE FORMAL VALIDITY OF THE ARBITRATION AGREEMENT

Article 2, paragraph 2, provides that: "the term 'agreement in writing' shall include an arbitral clause in a contract or an arbitration agreement, signed by the parties or contained in an exchange of letters or telegrams".[73]

This paragraph has been interpreted in many different ways by jurists and courts of the contracting states, as the courts of Italy, although it has nowadays been interpreted liberally by the courts of many countries, due to advanced communications technologies, and to the now recognized preeminence of article 7 (1) of the Convention, which authorizes less stringent formal requirements, as set forth in national laws. Article 2, paragraph 2, deals with the issue of the formal validity of the arbitration agreement.

For some authors such as Sanders,[74] this provision constitutes a uniform rule governing the form of arbitration agreements; and then, said provision supersedes the corresponding law applicable to the arbitration agreement which may provide for specific formal requirements. In order to understand this issue it is important to bear in mind that the question of formalities is a problem "generally thought to be governed by the law governing the agreement".[75]

According to Sanders' approach, the formal requirements established by Article 2, paragraph 2, should supersede whatever the law governing the arbitration agreement may be.

Pursuant to the provision of Article 2, paragraph 2, we are dealing with an "agreement in writing" when:

1) the arbitration clause is contained in the underlying contract signed by the parties. Said article does not spell out the expression "shall include an arbitral clause in a contract", therefore, one can interpret it as covering arbitration clauses contained in contracts by reference

---

73 The Supreme Court of Austria in its Judgement of Nov. 17, 1971 (1976) 1 Y.B. Comm. Arb. 183 (International Council for Commercial Arbitration) held that an arbitration agreement contained in an exchange of telexes was valid under the Convention.

74 Peter Sanders, "a Twenty Years' Review of the Convention on the Recognition and Enforcement of Foreign Arbitral Awards," 13 Int. Lawyer 269, 1979, at 278. See also Italy, Supreme Court, Robobar Limited (UK) v. Finncold SAS (Italy) Oct. 28, 1993, Year Book Commercial Arbitration XX at 739 (1995). *Cf.* Lieschke v Realnetworks, Inc. no 99C 7274, 99C 7380, 2000 WL XXV YBCA 530 (2000) (ND3, 2000).

75 Smedresman, *supra* note 16 at 327.

to other documents such as standard or general conditions which in fact contain the arbitration clauses,[76]

2) there exists a written arbitration agreement signed by the parties,

3) the arbitration agreement is contained in an exchange of letters or telegrams.[77]

These are the formal requirements for the validity of arbitration agreements covered by the New York Convention. These formalities as a general principle should supersede the formal provisions of national laws. In this respect, it is important to mention that Article V of the New York Convention refers to said national laws when it introduces in section 1(a), as the

---

76 Even in those cases in which there is an absence of written documents, the evidence of consent in the parties' conduct in performing the contract has been recognized as a tacit acceptance of the arbitration agreement. In Chloe Z Fishing Co. v. Oddysey Re (London) Ltd., a case involving an action filed against insurance companies regarding claims on the coverage of personal injuries arising from work in vessels dedicated to tuna-fishing operations, a U.S. Court interpreted the reach of the term "agreement in writing" to the extent of the participation in the negotiation of a contract containing an arbitral clause; 109 F. Supp. 2d 1236 (S.D. Cal. 2000). Even in the absence of signatures or the exchange of documents, courts such as the Indian Supreme Court (Smita Conductors Ltd. v. Euro Alloys Ltd., Supreme Court, India, August 31, 2001, Civil Appeal No. 12930 of 1996) and a French court (SA Groupama transports v. Societé MS Regine Hans Uns Klaus Heinrich KG, Court of Appeal Basse Terre, France, April 18, 2005) resolved that the acceptance of a written contract which includes the arbitral clause, or the knowledge of an independent arbitration agreement contained in a booking note, fulfilled the requirements necessary for the existence of the arbitration agreement in terms of said Article 2, paragraph 2. In other cases, courts have relied on the procedural behavior of the parties to infer whether they consented or not to the arbitration of their disputes; the absence of objections to the arbitral tribunal has been held to recognize the agreement to arbitrate (L'Aiglon S/A v. Têxtil União S/A, Superior Court of Justice, Brazil, May 18, 2005, SEC 856, 6 Commonwealth Development Corp v. Montague, Supreme Court of Queensland, Australia, June 27, 2000, Appeal No. 8159 of 1999; DC No. 29 of 1999). *Cf.* Opinion to the contrary of Albert J Van den Berg, "The New York Convention: Its Intended Effects, Its Interpretation, Salient Problem Areas" in The New York Convention 1958 (ASA Special Series No 9) (Geneva: Swiss Arbitration Association, 1996) 44 [Van den Berg, "The New York Convention"]. See also in contrast to opinion of Van den Berg, Toby Landau, "The Requirement of a Written Form for an Arbitration Agreement: When 'Written' Means 'Oral'", in International Commercial Arbitration: Important Contemporary Questions (ICCA Congress Series No 11) (The Hague: Kluwer Law International, 2003) 19.

77 See *supra* note 73.

first basis for refusal of enforcement of foreign arbitration awards, that the arbitration agreement "is not valid ... under the law of the country where the award was made". However, the reference to the country where the "award was made" makes this rule inoperative at this stage of recognition of the arbitration agreement where no awards has yet been rendered.[78]

The Supreme Court of Austria supported this interpretation of Articles 2 and 5 of the New York Convention in its judgment of November 17, 1971.[79] In this case, a Swiss seller and an Austrian buyer agreed by a telex exchange to have their potential disputes settled by the Arbitral Tribunal of Austria. The seller at the beginning of the proceedings argued that the arbitration agreement was not valid under the laws of Austria. The Arbitral Tribunal did not accept that contention, and then the Swiss seller brought an action before an Austrian court. Such court held in favor of the seller. The Supreme Court however reversed.

The Supreme Court held that the rule established in Article V of the New York Convention referring to the Austrian law was not applicable at the stage of recognition of arbitration agreements and moreover that said article did not deal with formal requirements. It concluded saying that the formal requirements which agreements have to comply with should be judged in accordance with the provisions of Article 2, paragraph 2, of the Convention.

We think that this approach of formal uniformity is consistent with the goal of the New York Convention which, according to a U.S. Federal Court,[80] was to encourage the recognition and enforcement of commercial arbitration in international contracts and to *unify the standards* by which agreements to arbitrate are observed. An exception to this principle may be established when the corresponding law applicable to the arbitration agreement does not require a written form for the agreement to be valid. We think that this exception does not contravene the spirit of the New York Convention since such exception enhances the probability of having an international arbitration award enforced by the contracting states in accordance with the Convention.[81]

---

78 See Smedresman, *supra* note 16 at 328.

79 Judgement of November 17, 1971, Oberster Gerichtshof, Austria (1976) 1 Y.B. Comm. Arb. (International Council for Commercial Arbitration).

80 Sumitono Corporation and Oshima Shipbuilding Co. Ltd. v. Parakapi Compañía Marítima, 477 F. Supp. 738 ff.

81 See Judgement of January 25, 1977 n° 361. Corte di Cassazioni (Sez. Un.) 1979, 4 Y.B. Comm. Arb. (International Council for Commercial Arbitration). But see

This principle of uniformity, however, has not always been recognized by the courts of the contracting states. Italy represents a good example of how courts of the different countries have been interpreting the provisions of Article 2, paragraph 2, of the New York Convention.

According to the repealed Article 26 of the General Provisions of Law,[82] the form of arbitration agreements was governed by the law of the state where the agreement was concluded (*locus regit actum* rule). Thus, Italian law used to govern the formal validity of foreign arbitration agreements when they were not concluded abroad. When the agreement was concluded in another country, the law of such country governed the formalities of the clause.

Article 1341 of the Italian C.C.[83] provides for *specific approval* in arbitration clauses contained in contracts by reference to general conditions or adhesion contracts. This represents a greater standard than that established in the New York Convention.

In *Carters Ltd.* v. *Francesco Ferraro*,[84] the Italian court held that Article 2, paragraph 2, of the New York Convention supersedes Articles 1341 and 1342 of the Italian C.C. According to theses provisions, an arbitral clause contained in a standard contract is null unless specifically agreed to in writing. The court said that Article 2, paragraph 2, contains a *uniform rule* for all contracting states which indeed prevails over rules of domestic law. The court concluded saying that the formal validity of arbitration agreements

---

Sanders, *supra* note 74 at 286.

82 See Mirabelli, *supra* note 31 at 366.

83 Art. 1341 reads as follows:
Standard conditions of contract. Standard conditions prepared by one of the parties are effective as to the other, if at the time of formation of the contract the latter knew of them or should have known of them by using ordinary diligence.
In any case conditions are ineffective unless specifically approved in writing, which establish, in favor of him who has prepared them in advance, limitations on liability, the power of withdrawing from the contract or of suspending its performance, or which impose time limits involving forfeitures on the other party, limitations on the power to raise defenses, restrictions on contractual freedom in relations with third parties, tacit extension or renewal of the contract, arbitration clauses, or derogations from the competence of courts. *Id* at 366.

84 Judgement of February 20, 1975. Corte di Appello di Napoli (1979) 4 Y.B. Comm. Arb. (International Council for Commercial Arbitration). See also Judgement of March 30, 1973. Corte di Appello di Torino, Italy (1976) 4 Y.B. Comm. Arb. (International Council for Commercial Arbitration).

has to be judged exclusively on the basis of the Convention and not on the basis of the law of the place where the clause was made. The same conclusion was reached by another Italian court in 1973.[85]

Although the holding of these Italian cases demonstrates that in some instances the uniformity principle was taken into consideration by courts when deciding upon the issues of the formal validity of arbitration agreements falling under the Convention, nonetheless, the interpretation of Article 2, paragraph 2, of said Convention by the Supreme Court of Italy did not give full support to the principle of uniformity.

In this respect, the Supreme Court of Italy held in many cases[86] that Italian law (Article 1341) applied to foreign arbitration agreements. In doing that, the Supreme Court did not enforce many arbitration agreements lacking the specific approval required by Article 1341 of the Italian C.C.

On the other hand, the same Supreme Court in a case involving a Liechtenstein corporation and an Italian company[87] recognized the formal validity of an arbitration clause contained in general conditions which did not comply with the requirement of the specific approval set out in Article 1341 of the Italian C.C. The Supreme Court held that such a specific approval was not required when the contract results from negotiations between two experienced parties.

The Supreme Court of Italy also ruled[88] that when arbitration agreements were not concluded in Italy, the law governing the formal validity of them was the law of the country where said agreements were made. This was an application of Article 26 of the General Provisions of law to which

---

85 *Ibid.*

86 See Judgement of April 22, 1976 N° 1439 Corte di Cassazioni (Sez. Un.) Italy (1977) 2 Y.B. Comm. Arb. (International Council for Commercial Arbitration) Judgement of December 13, 1971 N° 3620, Corte di Cassazioni (Sez. Un.) Italy (1976) 1 Y.B. Comm. Arb. (International Council for Commercial Arbitration).

87 Judgement of May 25, 26, 1977. Corte di Cassazioni Italy (Sez. Un.) (1979) 4 Y.B. Com. Arb. (International Council for Commercial Arbitration).

88 See Judgement of May 25, 26, 1977. Corte di Cassazioni Italy (Sez. Un.) (1978) 3 Y.B. Comm. Arb. (International Council for Commercial Arbitration), Judgement of April 8, 1975 N° 1269. Corte di Cassazioni (Sez. Un.) Italy 2 Y.B. Comm. Arb. (International Council for Commercial Arbitration), Judgement of January 25, 1977. Corte di Cassazioni (Sez. Un.) Italy (1979) 4 Y.B. Comm. Arb. (International Council for Commercial Arbitration), Judgement of May 18, 1978 N° 2392, Corte di Cassazioni (Sez. Un.) Italy (1980), 5 Y.B. Comm. Arb. (International Council for Commercial Arbitration).

we referred before. However, the Supreme Court in two cases[89] did not apply the conflict of law rule contained in Article 26 when deciding upon the validity of arbitration agreements which were not concluded in Italy. Instead, the Supreme Court applied Article 1341 of the Italian Civil Code. By doing that, the Supreme Court considered the corresponding arbitration agreements void because they did not meet the specific approval required by Article 1341 in cases of arbitration clauses contained in fact in documents incorporated by reference.

These kinds of holdings which indeed frustrated the spirit of the New York Convention should be avoided by the contracting states.[90] To recapitulate, the situation in Italy with respect to the interpretation of Article 2, paragraph 2, of the New York Convention was, in the words of Sanders,[91] "unclear and rather confusing".

At present, Italy's law on international commercial arbitration follows basically the UNCITRAL Model Law.[92]

It is very interesting to mention that in contrast to the at one time parochial attitude of the Supreme Court of Italy, a federal U.S. district court in the matter of *Ferrara* case,[93] by declining to apply Italian law, enforced a foreign arbitration agreement.

This was a case involving two sales contracts by which two Italian firms agreed to buy wheat from a Canadian company. These contracts contained by reference to General Conditions arbitration clauses providing for arbitration in New York.

The Italian buyers breached the contracts and then the Canadian firm started arbitration in New York. The buyers filed a petition with a court in New York to stay the arbitration proceedings on the ground among others,

---

89 Judgment of May 18, 1978, Corte di Cassazioni (Sez. Un.) Italy (1980) 5 Y.B. Comm. Arb. (International Council for Commercial Arbitration) and Judgement of May 25, 1976. Corte di Cassazioni (Sez. Un.) Italy (1978) 3 Y.B. Comm. Arb. (International Council for Commercial Arbitration).

90 See Sanders, *supra* note 74 at 284.

91 *Id.* See also Cisse Amed Daouda, "The Validity of International Commercial Arbitration Agreements", Global Journal of Politics and Law Research Vol. 4, No.5 pp. 10-50, September 2016, at p. 21., https://www.eajournals.org/wp-content/uploads/The-Validity-of-International-Commercial-Arbitration-Agreement-1.pdf

92 See "International Arbitration in Italy: 2022 Amendments", Aceris Law, *supra*, note 31.

93 441 F. Supp. 778 (S.D.N.Y.) 1977.

that the arbitration clauses were governed by the laws of Italy under which said clauses were null since the clauses did not appear above the signature in the corresponding contracts.

The court rejected that contention by holding that states should avoid declining enforcement of arbitration agreements on the basis of "parochial views", whether reflected in the law of the forum or in the law of another state such as Italy with an alleged interest in the outcome of the case.

Furthermore, the court indicated that Article 2 of the New York Convention in conjunction with Article 5 of the same does not impose any rule of international private law. Therefore, it appears that the drafters of the Convention intended to impose on the contracting states a "broad undertaking" to give effect to arbitration agreements falling within the scope of the Convention.

In sum, contracting states should consider Article 2, paragraph 2, as the uniform rule governing the formal validity of arbitration agreements covered by the Convention, which article is nowadays interpreted liberally. Thus, as a rule, the formal requirements established in said article should supersede those formal requirements laid down in the national laws eventually applicable to arbitration agreements, unless such national laws provide for less formal requirements than Article 2 of the Convention.

THE ARBITRABILITY ISSUE

The main problem arising from the wording of Article 2, paragraph 1, of the Convention is indeed the issue of the arbitrability of the subject matter of the arbitration agreement. For an arbitration agreement to be given effect it is necessary that the dispute be capable of settlement by arbitration. Most countries exclude some kinds of disputes from arbitration, such as those involving certain cases of the public laws of said countries.

The consequence of such exclusion is that only national courts have jurisdiction to resolve these special kinds of disputes.

Article 2, paragraph 1, does not indicate which law is to govern this crucial issue of arbitrability. Some authors[94] think that in this case courts might rely analogically upon the rule of private international law set forth

[94] Such as Quigley. See *supra* note 12 at 1064. But see Smedresman, *supra* note 16 at 328.

in Article V-2a of the New York Convention, which is applicable at the stage of recognition of awards.[95]

> Article V-2a reads as follows:
> Recognition and enforcement of an arbitral award may also be refused if the competent authority in the country where recognition and enforcement is sought finds that:
> (a) the subject matter of the difference is not capable of settlement by arbitration *under the law of that country;* or
> (b) ...

Thus, Article V-2a provides for a rule establishing that the law governing the arbitrability of the dispute is the law of the country where recognition of the arbitral award is sought (law of the *forum*).

It must be noticed, however, that the law governing the substance of the arbitration agreement may not coincide with the law of the state where the agreement is invoked.[96] According to Article 2, paragraph 1, of the Convention, courts are not required to recognize arbitration agreements when the corresponding disputes are not capable of settlement by arbitration.

Therefore, at this stage of the arbitration process, as well as at the stage of recognition of the award, the issue of certain cases of the arbitrability rests, as a rule, in the hands of courts.[97] That is why we have to recognize the role played by national courts of the corresponding contracting states when deciding upon certain cases of the arbitrability of foreign or non-domestic arbitration agreements. However, it should be clarified that at present, the limitations to arbitrability are very restrictive, due to the tendency to favor arbitration, which is the result of a non-"parochial" conception of the subject, as we will see below.

There is a fact that is crucial for international commercial arbitration: in general, courts were used to applying their own national laws and policies to those cases falling under their jurisdictions. This represented a principle traditionally consecrated by the doctrine of most national legal systems. In-

---

95 Misr Insurance Company v. Alexandria Shipping Agencies Company, Court of Cassation, Egypt, December 23, 1991, 547/51 (unofficial translation).

96 The importance of this fact will be discussed later.

97 See Aksen, *supra* note 57 at 348. See also Sanders, *supra* note 52 at 483. See also "The role of tribunals with respect to commercial arbitration", Federal Court of Australia, 2023, https://www.fedcourt.gov.au/digital-law-library/judges-speeches/justice-stewart/20230501. See also Oracle America, Inc. v. Myriad Group AG, No. 11-17186 (9th Cir. 2013).

ternational commercial arbitration, in our opinion, has constituted a challenge to such a traditional principle which has now resulted in a significant "degree of harmonization of the approaches of state courts in support of commercial arbitration in different countries, as a result of the widespread acceptance of the New York Convention and the UNCITRAL Model Law".

In *Bremen* v. *Zapata Offshore Company*,[98] a case involving a choice of forum clause, the U.S. Supreme Court started challenging the above mentioned traditional principle by saying that the possibility of applying domestic provisions to international transactions would reflect a "parochial concept that all disputes must be resolved under our laws and in our courts ... We cannot have trade and commerce in world markets and international waters exclusively on our terms, governed by our laws, and resolved in our courts".[99]

In the instant case the Supreme Court of the United States recognized that when a transaction has contacts with more than one national jurisdiction, foreign law may displace the public laws of the *forum*.[100]

International commercial arbitration has been strengthened and supported by courts because the Contracting States, in general, have applied a principle other than the "parochial" one. Those who have promoted international arbitration have fought against this traditional or "parochial" approach, through what we would call a "counter-principle" that extends the State's views beyond the limits of its "parochial" laws or policies with respect to international commercial arbitration. This "counter-principle" is supported by a legal doctrine and arbitral practice developed over the years, different from those supporting the traditional principle, when it comes to arbitration agreements involving international transactions. A transcendent fruit of this "counter-principle" is the development of the "kompetenz-kompetenz" doctrine, taken into account by several countries, including Mexico, in the light of the aforementioned Model Law, according to which, arbitrators have the initial power to face challenges regarding their jurisdiction and the existence and validity of arbitration agreements, but with the subsequent intervention of the courts, which have the last word on this matter, as said before.

Courts should bear in mind that persons engaged in international business have a clear notion of what such transactions entail, very different

---

98 407 U.S. 1 (1972).

99 *Id.* at 9.

100 See Smedresman, *supra* note 16 at 330.

from those without international links. Courts, in deciding international legal questions of commercial arbitration, in particular cases covered by Article 2 of the Convention, are committed to continuing to build the body of rules that represent the essence of the legal doctrine supporting international commercial arbitration.[101]

Individuals and institutions interested in further promoting international commercial arbitration, which today is faced with its costly and rigid "judicialization" and with the jurisdiction of public international arbitration courts, should consider as a guide for their actions what Charles Carabiber, president of the Court of Arbitration of the International Chamber of Commerce said about international commercial arbitration in 1960: "A bold spirit in which economic pragmatism and fairness occupy a more important place than respect for the form and, to some extent, the letter of the law". This is precisely the content of the counter-principle necessary for the doctrinal strengthening of international commercial arbitration, which once again requires flexibility and reasonable costs.

Fortunately, countries have been implementing the provisions of the New York Convention, in particular Article 2 in light of the above-mentioned spirit, and many of them, following the UNCITRAL Model Law.

In our opinion, the absence of a fixed choice of law rule in the content of Article 2 constitutes a good opportunity for courts to develop a legal doctrine which avoids domestic views towards arbitration involving international agreements. As a matter of fact, courts of the United States and

---

101 See World Peace Through Law. "International Comm. Arbitration must energetically support the development of supra-national law and thus, world peace through law". Survey. The Washing Conference, West Publishing Company (1967) at 67. See also an interesting case from 2021 on arbitrability in Singapore and India, reviewed by Kamakshi Puri, "Which Law Governs Subject Matter Arbitrability in International Commercial Disputes?", Conflict of Laws.net, https://conflictoflaws.net/2023/which-law-governs-subject-matter-arbitrability-in-international-commercial-disputes/. See also Mitsubishi Motors Corp. v. Soler Chrysler–Plymouth Inc., 473 U.S. 614, 105 S Ct 3346 (1985). See also "Guide to Mexican Arbitration Law", *supra* note 53. See also for the Mexican evolution of the "kompetenz-kompetenz" principle: "The Mexican Courts and Arbitration: A new Partnership", Marco Tulio Venegas, in which many interesting cases are cited on this matter, prior to the 2011 amendment to the Mexican Commercial Code to reinforce said principle (articles 1464 and 1465), https://digitalcommons.wcl.american.edu/cgi/viewcontent.cgi?referer=https://www.google.com/&httpsredir=1&article=1007&context=ab.

many other countries of the world have been building what can be called the "infrastructure" of the internationalization of the legal standard used in the process of recognition of the validity of agreements and awards falling under the Convention.[102]

Scherk v. *Alberto-Culver Co.*[103] represents a good example of how a court avoided applying parochial standards to an agreement which was truly an international one. The issue of arbitrability in the context of the Convention involves a doctrinal struggle between foreign arbitration and domestic policies.[104]

Indeed, *Scherk* represents a crucial step in the developing of international commercial arbitration. Alberto-Culver Co., a multinational U.S. company incorporated in the state of Delaware, and Scherk, a German citizen who was the owner of three cosmetics firms organized under the laws of Germany and Lichtenstein, signed a contract in Vienna, Austria, which provided for the sale of Scherk's firms including the corresponding trademarks rights to Alberto-Culver Co.

The negotiation of the contract was held in the United States, Germany and England. Although the contract was signed in Vienna, the transaction was closed in Switzerland.[105]

Said contract contained a number of warranties that Scherk's ownership of the above mentioned trademarks were not subject to any encumbrance. It also contained a clause in which was set forth that any dispute arising from the agreement would be referred to arbitration before the International Chamber of Commerce in Paris, France.[106]

---

102 See Smedresman, *supra* note 16 at 329. See also "The role of tribunals with respect to commercial arbitration", 2023, *supra* note 97. See also Alexis Morroe, "Arbitrability of the Antitrust Law from the European and US perspectives", "Arbitration, Review of Commercial Arbitration and Investments" ("*Arbitraje*, Revista de Arbitraje Comercial y de Inversiones"), Vol II, No. 1, 2009, pp. 81-138, https://repositorioinstitucional.ceu.es/bitstream/10637/13224/1/Arbitrabilidad_Mourre_"Arbitraje"_2009.

103 417 U.S. 506 (1974). See for a discussion of U.S. case law on the subject, J.T. McLaughlin, "Arbitrability: Current Trends in the United States", Alb. L. Rev., 1996, p. 905. See also Mitsubishi Motors Corp. v. Soler Chrysler–Plymouth Inc., 473 U.S. 614, 105 S Ct 3346 (1985).

104 See Smedresman, *supra* note 16 at 329.

105 As we can see, this is a case which has many foreign contacts and which involves parties of different nationalities.

106 Scherk v. Alberto-Culver Co., 417 U.S. at 506, 509 n.1.

Since there appeared to be a shortage in Scherk's inventory of the trademarks involved in the sale, Alberto-Culver offered to rescind the contract. Scherk refused such an offer and then Alberto-Culver brought an action for damages in a federal district court in Chicago, Illinois, alleging that the warranties constituted material misstatements and therefore, there were violations of the anti-fraud provision of the 1934 Securities Exchange Act.[107] In response, Scherk filed a motion to stay the action pending arbitration in France pursuant to the agreement of the parties.

In resolving the instant case in favor of Alberto-Culver, the District Court relied upon the Supreme Court decision in *Wilko* v. *Swan*,[108] which held that an arbitral clause did not preclude a purchaser of securities from judicial action in lieu of arbitration; in short, that the arbitration agreement was not enforceable. In holding this the District Court rested on the interpretation of the Securities Act of 1933[109] which in section 14 voids any "stipulations or provisions to waive compliance with any provision of this subchapter". The Court considered the arbitration agreement a waiver under the provisions of section 14. Thus according to *Wilko*, disputes arising out of a contract involving the purchase of securities are not capable of settlement by arbitration.

The main issue faced by the U.S. Supreme Court was whether the decision of *Wilko* was controlling the instant case. The opinion of the Supreme Court, penetrated by the spirit of the *Bremen* case[110] (mentioned before), was that *Wilko* did not apply to transactions with predominantly foreign contracts. Hence, the Supreme Court reversed the lower courts' decisions.

The contract involved in *Scherk* was considered by the Supreme Court a "truly international agreement,"[111] since *its subject matter* "concerned the sale of business enterprises organized under the laws of and primarily situated in European countries whose activities were largely, if not entirely, directed to European Markets".[112] The Supreme Court indicated that an arbitration agreement "is, in effect, a specialized kind of *forum* selection

107 § 10 (b) 15 U.S.C. § 78j 1970.

108 346 U.S. 427 (1953).

109 814, 15 U.S.C. § 77n (1970).

110 See *supra* note 98.

111 Scherk v. Alberto-Culver Co., 417 U.S. at 515.

112 *Id.* at 513.

clause that posits not only the *situs* of the suit, but also the procedure to be *used* in resolving the dispute".[113]

The Supreme Court insisted upon the importance of the contractual provisions involved in international trade, finding that the preservation of the national *forum* considered essential in *Wilko* was irrelevant in a case such as *Scherk* where litigation in several *forums* seemed to be inevitable.

The Supreme Court stated further that "without reading the issue whether the Convention ... would require of its own force that the agreement to arbitrate be enforced ..., we think that this country's ratification of the Convention ... provides strongly persuasive evidence of congressional policy consistent with the decision we reach today".[114]

The spirit of the Convention was indeed taken into account by the Supreme Court when deciding upon the validity of the arbitration agreement. The agreement was recognized by the Supreme Court as a valid and therefore, enforceable international arbitration clause. Such a recognition is precisely the goal of the New York Convention.

For the Convention to be effective, courts of the contracting states should recognize international arbitration clauses by refusing "parochial" interpretations of the arbitrability of agreements to arbitrate. These "parochial" interpretations may sometimes frustrate the ends of the Convention.

As we said before, the Supreme Court in deciding this case did not apply the public policies involved in the *Wilko* case. In fact, the Supreme Court did not take into consideration the securities laws of the United States. It seems clear that the Supreme Court in the instant case did not decide upon the arbitrability of the dispute under "pure" American law. For as the subject matter of the dispute was not apparently arbitrable under the laws of the United States, the Supreme Court had to rely on the idea of the international character of the agreement in order to avoid said laws. However, it is important to mention that the issue of whether the agreement was

---

113 *Id.* at 519. The court here recognized that in certain circumstances the law of the proceedings is that of the country where arbitration is to take place. However, in the instant case, the parties chose the laws of the state of Illinois as the laws governing the interpretation of the agreement.

114 *Id.* at 521. Although the Supreme Court in the instant case did not reach expressly the issue of the New York Convention, nevertheless the spirit of said treaty was illuminating the whole court's reasoning.

beyond the reach of the U.S. securities laws was not directly considered by the Court.[115]

In spite of the fact that the Supreme Court did not intend to reach such a crucial issue,[116] the outcome of the case leads us to the conclusion that *Scherk* indeed constitutes a real limitation to the scope of the national legislative policies of the United States of America.[117]

The dissent of Justice Douglas[118] shows that the real issue in the present case was whether the U.S. law governed the arbitrability of the arbitration agreement. He claimed in his dissenting opinion that the U.S. laws indeed governed the case and moreover that there was "no exception for fraudulent dealings which incidentally have some international factors".[119]

In reaching its conclusions, the Supreme Court did not spell out its arguments supporting the validity of the arbitration agreement. However, the same court in recognizing the arbitrability of the disputes, established the basic ideas which represent the outset of a legal doctrine that backs international commercial arbitration.

Therefore, we are able to deduce from the context of the Supreme Court's decision a set of principles which truly were the first pages of a sound doctrine lighting the issue of arbitrability in the international agreements.

The Supreme Court, in *Scherk*, by avoiding parochial views when deciding upon the arbitrability issue, broke down a strong tradition of applying always the public laws of the land to all cases falling under the jurisdiction of the U.S. courts.

This traditional tendency was not only a characteristic of the U.S. courts but of most countries on earth. The development of legal systems must parallel the development of social and economical structures in the world. The makers of the law have the responsibility of recognizing the radical changes in the field of international trade. International trade requires the arbitration process as a normal means for resolving international commercial disputes.

---

115 417 U.S. 506, 516 n.9 (1974).

116 *Ibid.*

117 See Smedresman, *supra* note 16 at 335.

118 417 U.S. 506, 521 (1974).

119 *Id.* at 534.

This fact must be taken into account by courts when deciding upon these matters. The U.S. Supreme Court in *Scherk* went beyond the line drawn by the traditional legal doctrine that imposes parochial views on international cases. The Supreme Court in doing so, "explored" the reality of the modern economic order. In the struggle between domestic policy and international arbitration, the Supreme Court had to support one of the two contenders. It favored the latter.

As we said before, we are able to deduce from the holding of the Supreme Court in *Scherk* a set of lessons which perhaps as a precaution were "hidden" by said court in deciding the instant case.

The most important "hidden lessons"[120] which indeed may very well be transformed into principles of legal doctrine are the following:

1) Federal securities laws were not taken into account in a case where a transaction with many international or foreign factors were involved. The role played by the idea of foreign or international contacts is very important when courts are to decide upon the arbitrability of agreements and also upon the law which is to be applied. This is so because the issue of arbitrability is always linked to the public laws of the contracting states.[121]

2) Public laws are applicable only when the transaction in dispute has a substantial connection with the state to which these laws belong. Courts must consider this fact in deciding upon the issue of the applicable law governing the arbitrability issue.

3) *Scherk* represents a limitation to the scope of U.S. public laws. This is so because the Supreme Court, in recognizing that the transaction involved in this case had substantial links with many foreign forums, allows us to conclude *a contrario sensu* that said transaction was not closely connected with the United States. Therefore, an international arbitration agreement connected with many *forums* was enforceable where the corresponding national agreement would not be enforced by the U.S. Courts.[122]

---

120 The expression "hidden lessons" is used to mean that such lessons were not expressly given or spelled out or developed by the Supreme Court in deciding *Scherk.*

121 See Smedresman, *supra* note 16 at 336.

122 See International Commercial Arbitration Seminar, Fall 1980. Multilith materials of former Harvard professor Arthur von Mehren, at 151.

4) *Scherk* furnished the foundation to deal with cases involving international commercial arbitration. Courts of the contracting states should apply *international standards* of public policy rather than their own domestic standards which can be "unduly restrictive,"[123] when dealing with the validity of arbitration agreements falling under the scope of the Convention.[124]

The lessons given by the Supreme Court in *Scherk* are very important considering that Article 2, paragraph 1, of the New York Convention does not indicate the law under which the issue of arbitrability is to be governed. So, in certain circumstances courts of the contracting states may rely on the conflict of laws rule contained in Article V-2a of the Convention when dealing with said issue.

This provision allows courts to apply *lex fori* in cases concerning the issue of arbitrability at the stage of recognition and enforcement of foreign arbitral awards.[125]

This rule contained in Article V-2a of the Convention can be taken into consideration by courts only if said courts find that the corresponding transaction has substantial contacts with the law of the *forum.*[126] Otherwise, the spirit of *Scherk* and indeed the spirit of the Convention may be defeated.

Another law which courts may take into account when dealing with the arbitrability of the disputes in transactions that involve foreign factors is the law governing the substance of the agreement,[127] whether determined

---

123 Aksen, *supra* note 57 at 349.

124 An international standard was also applied at the stage of enforcement of arbitration awards in Parsons & Whittemore Overseas Co., Inc. v. Societé Generale de l'Industrie du Papier (RATKA), 508 F.2d 969 (2d Cir. 1974).

125 See Quigley, *supra* note 12 at 1064.

126 See B.V. Bureau Wijsmuller v. U.S.A., 487 F. Supp. 156 (S.D. New York 1979).

127 The law of the proceedings is not at stake here since in general, the law applies to the issue of jurisdiction between courts and arbitrators. However in Carters Ltd. v. Francesco Ferraro (Judgement of February 20, 1975. Corte di Appello di Napoli, Italy) (1979) 4 Y.B. Int. Comm. Arb. International Council for Commercial Arbitration), the court enforced an arbitral award, holding that the subject matter was capable of settlement by arbitration under article 808 of the Italian C.C.P. See also Smedresman, *supra* note 16 at 338. See also Teruo Doi, "International Commercial Arbitration in Japan", in Sanders, International Arbitration: Liber Amicorum for Martin Domke 65, 70 (1967).

by the parties or by other factors such as the place of arbitration or the place where the arbitration agreement was signed or made.

We can conclude the problem of arbitrability by saying that for the Convention to be effective, courts of the contracting states should avoid applying laws whether foreign or domestic, and whether determined by the parties to the agreement or by other factors which reflect "parochial" interpretations of international commercial arbitration. It is very important to bear in mind that the main problems in the field on international arbitration "were due largely to the failure of the international community to face up completely to the realities of the international market and make adjustments in policy…"[128]

"INVALIDITY" OF THE ARBITRATION AGREEMENT (ARTICLE 2, PARAGRAPH 3)

To recapitulate, according to Article 2 of the New York Convention, the recognition of arbitration agreements can be challenged on the following grounds:

1) Non arbitrability of the corresponding dispute. The subject matter must be capable of settlement by arbitration. We referred to this ground before as the issue of arbitrability (Article 2, paragraph 1).

2) The agreement to arbitrate does not comply with the formal requirements set forth in the Convention. We called this the issue of the formal validity of the agreement (Article 2, paragraph 2).

---

[128] Arden C. McClelland, 5 North Carolina J. of Int'l and Commercial Regulation, 170, 171. See Souvik Ganguly, Renjith Nair and Karan Vin, "Arbitrability of Disputes: a New Face to the Composite Approach", Acuity Law, (2013), https://www.acuitylaw.co.in/publication-and-news/arbitrability-of-disputes-a-new-face-to-the-composite-approachh. See also Acuity Law, "Arbitrability of disputes: A new face to the composite approach", https://www.lexology.com/library/detail.aspx?g=83966d1b-5c69-416b-ac54-591f50f5ecf7. See also Bernard Hanotiau, "The Law Applicable to Arbitrability", Singapore Academy of Law Journal, Vol. 26 (2014), 874-885 in https://journalsonline.academypublishing.org.sg/Journals/Singapore-Academy-of-Law-Journal-Special-Issue/e-Archive/ctl/eFirstSALPDFJournalView/mid/513/ArticleId/336/Citation/JournalsOnlinePDF.

3) Invalidation of the arbitration agreement. Courts may find it "null and void, inoperative or incapable of being performed".[129]

Thus, we are dealing with a valid arbitration agreement when the dispute is capable of settlement by arbitration, when said agreement complies with the formal requirements set forth in Article 2 of the Convention, and finally, when the arbitration agreement is not "null or void, inoperative or incapable of being performed", in the terms of Article 2, paragraph 3 of the Convention.

We will deal in this part of the book with the problems arising from the third ground. It must be remembered that the problem of invalidation of the arbitration agreement is related to said agreement itself and not to the legal relationship (whether contractual or not) which underlies the arbitration agreement.[130]

For courts not to refer parties to arbitration in accordance to Article 2, paragraph 3 of the Convention, the corresponding agreement must be considered "substantially invalid".[131] The term "substantially invalid" is used to emphasize the idea that the issue of invalidation has to do with the arbitration agreement itself and not with the underlying contract. It is also used in contrast to the concept of the "formal" validity of arbitration agreements falling under the scope of Article 2 of the Convention.

According to the text provided by Article 2, arbitration agreements are to be considered valid unless they are proven "null and void, inoperative or incapable of being performed". Therefore, there is a legal presumption in favor of this kind of agreements, which means that the opposition towards their recognition should be proven by establishing the applicability of exceptions.

Besides, courts belonging to Contracting States are impeded to avoid fulfillment of the Convention by arguing in favor of rules of national law

---

129 This ground includes the issue of whether a dispute falls under the scope of the arbitration agreement. See Comment, *International Commercial Arbitration and the amended Federal Arbitration Statute,* 47 Washington Law Review 441, 464 (1972). See a Mexican case where the court ruled that a party's inability to pay the arbitration expenses could not be "regarded as sufficient grounds to consider the arbitration agreement incapable of being performed": Third Collegiate Court in Civil Matters of the First Circuit, December 2005, I.3o.C.522 C, registered under N° 176594, cited in Guide to Mexican Arbitration Law, *supra* note 53.

130 See Prima Paint Corp. v. Flood & Conklin Manufacturing Co. 388 U.S. 395 (1967).

131 Smedresman, *supra* note 16 at 327.

which invalidate arbitration agreements. Only those exceptions contemplated in Article 2 or Article V, may be referred for the analysis of arbitral agreements.[132]

The issue of invalidation is related to the substance of the arbitration agreement and not to the formalities of it nor the proceedings in arbitration. This idea must be taken into account by courts when making the determination of the applicable law which is to govern the issue of whether the arbitration agreement is "null and void, inoperative or incapable of being performed".[133]

Article 2, paragraph 3 of the New York Convention does not indicate the law that governs said issue. It can be argued that this omission was caused by the fact that Article 2 was included in the text of the Convention the last day of the conference, as we indicated before. However, according to Smedresman[134] the omission obeys the purpose of the drafters of the Convention which was not to venture into many rules of private international law. For him this was the consensus which prevailed at the New York Conference. Thus, the inquiry on the applicable law concerning the issue of invalidation seems to be left to the courts of the contracting states.[135]

According to some authors such as Quigley[136] and Pisar,[137] courts when dealing with such issue presumably shall respect the law specified by the parties in the agreement, and in the absence of a choice of law courts might be free to apply their own conflict rules.

Giuseppe Mirabelli,[138] on the other hand, thinks that it does not appear logical for courts to judge the validity of the arbitration agreement under

---

[132] See Judgement of May 20, 2010, Supreme Court of Canada, Canada (2010) Yugraneft Corp. v. Rexx Management Corp., 2010 SCC 19, [2010] 1 S.C.R. 649; "The New York Convention was adopted in 1958 by the United Nations Conference on International Commercial Arbitration. The purpose of the Convention is to facilitate the cross-border recognition and enforcement of arbitral awards by establishing a single, uniform set of rules that apply worldwide. It requires each Contracting State to recognize and enforce arbitral awards made in the territory of another State, and that recognition and enforcement can only be refused on the limited grounds set out in art. V ...".

[133] Article 2, paragraph 3 of the New York Convention, 330 U.N.T.S. 38.

[134] *Supra* note 16 at 325. See Mertcan Ipek, *supra* note 56, at 698, 708, 711 and 712.

[135] See Contini, *supra* note 15 at 296.

[136] *Supra* note 12 at 1064.

[137] Samuel Pisar, *supra* note 57, at 219, 222.

[138] *Supra* note 31 at 368 and 369.

the law chosen by the parties in the same agreement whose validity is precisely challenged. He claims that if the arbitration agreement is invalid, the choice of law shall also be invalid. He concludes by saying that the Italian judges determine the validity of the arbitration agreement in accordance to the law governing the underlying contract.[139]

We agree with Mirabelli's idea that the determination of the applicable law for the purpose of Article 2, paragraph 3 of the Convention must be a contractual one.[140] But we disagree entirely with his view concerning the role of the choice of law made by the parties to the agreement. Arbitration agreements may be declared invalid by courts under the law chosen precisely by said parties. We think that such choice should be taken into account by courts when deciding upon the issue of whether the arbitration agreement is void or invalid, inoperative or incapable of settlement by arbitration. This is so because as we indicated before, the determination of the applicable law at this stage —recognition and enforcement of arbitration agreements— must be a contractual one.[141] In most cases the law chosen by the parties concerning the arbitration agreement does coincide with the law governing the substance of the main contract.[142] Therefore the parties' choice of law may be a very useful *reference* for courts when deciding upon the validity of arbitration agreement. Such consideration of the parties' choice of law finds support analogically in the conflict rules contained in Article V,1a of the Convention which are applicable at the stage of recognition of arbitral awards.[143]

Article V,1a of the Convention provides that "recognition and enforcement of the award may be refused, at the request of the party against whom it is invoked, only if that party furnishes to the competent authority where the recognition and enforcement is sought, proof that:

> a) the parties to the agreement referred to in Article 2 were, under the law applicable to them, under some incapacity, or said *agreement is not valid,* under the law to which the parties have subjected it or, failing any indication thereon, under the law of the country where the award was made; or ..."

---

139 As set forth in repealed Article 26 of the General Provisions of Law (Italy). Quoted by Mirabelli, *supra* note 31. See *supra* note 92.

140 See e.g., Smedresman, *supra* note 16 at 327.

141 *Ibid.*

142 *Ibid.*

143 See Born, *supra* note 1 at 121.

Thus, the validity of arbitration agreements is governed according to that provision by the law:

1) to which the parties have subjected it (principle of party autonomy).
2) of the country where the award was made (*qui elegit iudicem elegit ius* principle).

It seems clear that the principle of the autonomy should be taken into account by courts at the stage of recognition of foreign arbitration agreements, unless courts find that such law does not bear any relevant connection with the substance of the agreement.

Article V,1a also provides, as mentioned before, that courts shall apply, in the absence of the parties' choice of law, the law of the country where the award was made. It is important to mention here that the Private International Law Committee[144] explained that this conflict of laws rule (*qui elegit iudicem elegit ius*) corresponds to the English rule which establishes that the substantive law applicable to the main contract is in general that of the seat of arbitration.

However, as Smedresman[145] points out, under English law said rule is no longer an inflexible one. In the *James Miller* case[146] the maxim *qui elegit iudicem elegit ius* was reversed by the court. Although the parties to the arbitration agreement in the instant case selected Scotland as the seat of arbitration, nonetheless the court considered that English law governed the substance of the arbitration agreement. Thus, it may happen that the law governing the substance of the arbitration agreement may not coincide with the law of the seat of arbitration, since the law of the seat may have no relevant connection at all with the substance of said agreement.

Therefore, the second conflict rule contained in Article V,1a of the Convention may not be useful when courts are resolving the issue of invalidation of arbitration agreements. In the recent cases of *Enka v. Chubb,* and *Kabab-Ji SAL v. Kout Food Group,* the English Supreme Court held that in the absence of an express choice of law, the law governing the validity of the arbitration agreement is the law of the underlying contract.[147]

---

144 Private International Law Committee, Fifth Report Commd. 1515 (1961).

145 Smedresman, *supra* note 16 at 326.

146 James Miller & Partners Ltd. v. Whitworth Street States (Manchester) Ltd. 1970 AC 583 Rev'q 1969, 1 W.L.R. 337. Quoted by Smedresman, *supra* note 16 at 327.

147 See also "The law governing the validity of an arbitration agreement under English Law", Stephenson Harwood (2022), https://www.shlegal.com/

Moreover, it might be argued[148] that this conflict rule of Article V,1a is inoperative at the stage of recognition of arbitration agreements since such a rule refers to the state where the award was made and at said stage no award is yet rendered.[149] At his point what is very important to bear in mind is that the court's determination of the law governing the issue of invalidation of arbitration agreements must be a contractual one. Courts have to discover which law governs the substance of said agreements. Courts of the contracting states, as we mentioned before, may apply *lex fori* if they find that the corresponding arbitration agreement has enough contacts with such *lex fori.*

Samuel Pisar[150] thinks that "only where the parties have failed to choose a law ... should the normal connecting factors of the forum's conflict of law rules become operative".[151] In this respect the European Convention of 1961 contains a rule which provides that if there is no parties' choice of law provision in the arbitration agreement or if courts are not able to determine the country in which the award is to be made, then, courts may take into account the law applicable "by virtue of the rules of conflict of the court seized of the dispute".[152]

In the *Fuller* case,[153] a case which in part was discussed previously, the court decided that it had jurisdiction under the New York Convention and under section 202 of the U.S. Arbitration Act.[154]

After having decided upon the issue of jurisdiction and the issue of the scope of the Convention, the court started dealing with the issue of whether a stay of the legal proceedings should be granted. Pursuant to Article 2, paragraph 3, of the Convention, courts of the contracting states have to

---

news/the-law-governing-the-validity-of-an-arbitration-agreement-under-english-law#:~:text=English%20law%20approach,-In%20summary%2C%20the&text=The%20court%20referred%20to%20its,law%20of%20the%20underlying%20contract.

148 See Smedresman, *supra* note 16 at 328.

149 This interpretation would have been avoided if the drafters of article 5,1a of the Convention had used the expression "where the award is to be made". See e.g., The European Convention on International Comm. Arb. of 1961, Article VI, paragraph 2, 484 U.N.T.S. 340.

150 Pisar, *supra* note 57 at 222.

151 *Ibid.* See also Quigley, *supra* note 12 at 1064.

152 *Ibid.*

153 Fuller Co. V. Compagnie des Bauxites de Guinée, 421 F. Supp. 938 (1976).

154 Title 9, U.S.C. 81-14-84 Stat. 692.

refer the parties to arbitration unless said courts find the agreement "null or void, inoperative or incapable of being performed".[155]

In the instant case, the court had to decide whether or not the arbitration agreement was an operative one or, in other words, whether or not the dispute fell under said agreement.[156]

In deciding this issue the court analyzed the possible interpretations of the effects of the meeting.[157] According to *Fuller*, a settlement of all the disputes concerning the main contract was reached. On the other hand, the defendant denied the existence of such a final settlement. The court found four possible interpretations:

1) a final settlement of all the disputes (Fuller's contention);
2) an amendment of the original contract concerning the responsibility of *Fuller* for the alleged defects described in the provisional certificate;
3) only a discussion of the wording of the above mentioned certificate;
4) a general discussion of the problem without the parties reaching any agreement.[158]

Were the four possible interpretations covered by the scope of the arbitration agreement? The agreement read:[159] "should any dispute arise from interpretation or performance of the contract, the parties shall agree to settle such disputes by arbitration, according to the rules ... arbitration shall take place in Geneva".

In interpreting the issue of the scope of the arbitration agreement the court had to determine which law governed said issue. The court applied

---

155 Article 2, paragraph 3 of the New York Convention.

156 It is important to note that there can be many reasons for considering an arbitration agreement "null or void, inoperative or incapable of being performed". One of them is that the corresponding dispute is not covered by the arbitration agreement or, in other words, that the dispute is not included within the subject matter submitted to arbitration. This is not a case of arbitrability. In these kinds of cases the subject matter is capable of settlement by arbitration. What is at stake is the scope of the arbitral clause itself. The issue here is whether a specific dispute is within the reach of the agreement. See IV 1979 Y.B. Comm. Arb. at 305 (International Council for Commercial Arbitration).

157 The facts of this case were described on pages 13-15 of this book.

158 Fuller, 421 F. Supp. 946.

159 *Ibid.*

the substantive law of Pennsylvania since that law was the only one which had a reasonable connection with the transaction.[160]

Under said law, if there is a doubt as to whether an arbitration agreement may be interpreted to cover the corresponding dispute, courts should resolve in favor of arbitration.[161] The court considered the arbitration agreement broad enough to cover the dispute. In accordance with the law of Pennsylvania, only a new contract terminates the life of a broad arbitration agreement.[162] Whether or not a new contract was concluded by the parties in the above-mentioned meeting had to be decided by the arbitrators.

In sum, the issue of whether the corresponding dispute fell within the scope of the arbitration agreement was decided positively by the court. The court pursuant to Article 2, paragraph 3 of the Convention, had the power to decide upon such an issue.

In accordance to Article 2, paragraph 3, courts of the contracting states must refer parties to arbitration unless they find the arbitration agreement invalid or inoperative, as it has been pointed out. In the *Fuller* case the corresponding court found the agreement valid and operative.

In this case, as it was said before, the law which was applied was the substantive law of Pennsylvania, the law of the forum. In doing so, the court did not take into account the choice of law made by the parties. In other words, the rules contained in Article V,1a of the Convention which could have been applied, as we said before, were ignored by the court. It was so decided because the court considered that the law chosen by the parties to the agreement did not have any substantive connection with the transaction. This holding confirms the views which we were defending earlier in this chapter.

As it was mentioned, Article 2, paragraph 3, of the New York Convention does not impose on courts any choice of law. Thus, they are not bound by any rigid principle of private international law.

In the *Ferrara* case[163] the court indicated that the enforceability of arbitration agreements is governed by federal law.[164] Furthermore, the court in

---

160 *Ibid.* This holding confirms the idea that at this stage the choice of law must be a contractual one. It also confirms the significance of the concept of the relevant contacts test.

161 *Id.* at 948.

162 *Ibid.*

163 441 F. Supp. 778 (S.D.N.Y. 1977).

164 See also, Beromun A. v. Societa Industriale Agricola "Tresse", 471 F. Supp. 1163, 1164 ff. (S.D.N.Y. 1979).

said case stated that since Article 2 of the New York Convention in contrast with Article V of the same convention establishes no conflict rule, it appears that the drafters of the Convention intended to impose on the contracting parties a broad understanding to give effect of arbitration agreements.

In *Fuller*, the possible alternatives that the court had as to the applicable law were:

1) the law of the proceedings (rules of conciliation and arbitration of the International Chamber of Commerce),

2) the law chosen by the parties (New York law),

3) the law of the forum (Pennsylvania law).

As we mentioned before, the law of the forum was the one chosen to govern the issue of the substantial validity of the arbitration agreement. In doing that, the court clearly showed that it desired to promote arbitration since the law of Pennsylvania has a very favorable policy towards arbitration.[165]

In *Becker Auto Radio* v. *Becker Auto Radio Werk GmbH*,[166] a case similar to *Fuller*, the court held that the issue of the validity of the arbitration agreement is a matter of federal substantive law, notwithstanding that in said case the parties had subjected the arbitration agreement to German law. This case involved the question of whether there was an oral agreement to extend the term of the distributorship contract under which the plaintiff (a U.S. company) had the right to sell in the United States radios manufactured by the defendant (a German company). The contract was signed by the parties in 1974. It provided for termination on June of 1976. The parties, however, agreed upon the possibility of renegotiation of the terms and conditions of said contract.

The above-mentioned contract contained an arbitration agreement which provided for arbitration in Germany under German law.

Prior to the expiration of the original contract, the two companies were engaged in negotiations concerning the renewal of the contract. However, Becker Auto Radio (a U.S. company) brought a legal action in an American court alleging that the German company had orally promised to renew the 1974 contract. It also alleged that the obligation of renewal had arisen

---

165 Fuller, 421 F. Supp. 947

166 585 F.2d, 39, 43 (3rd Cir. 1978).

not from the 1974 contract bur rather from the oral agreement. Thus, according to the plaintiff the dispute was not covered by the arbitration agreement which was part of the original contract.

The German company moved for a stay pursuant to section 3 and section 206, as amended, of the U.S. Arbitration Act.[167] The defendant argued that the dispute was one arising out from the 1974 contract and not from the alleged oral agreement. In short, the court held that where the dispute is as to whether there was an agreement to renew the validity of a contract and the alleged renewal happened before, rather than after the expiration of the original contract, the arbitration agreement was applicable and therefore, operative and valid.[168] In a very interesting English case,[169] one of the parties to an agreement brought a legal action before an English court, despite the existence of a valid arbitration clause.

The recalcitrant party contended that an order staying the action should be refused on the ground that the defendant did not have the financial resources to satisfy a potential award against him and hence, the arbitration agreement was by such a reason "incapable of being performed".[170]

The crucial issue in this case was whether an agreement to arbitrate is "incapable of being performed" when the financial situation of the defendant is such that, in the case of an award being rendered against him, he would not be able to honor it.

In deciding this *Rena K* case, the court mentioned that the background of the New York Convention must be taken into account. It stated that "It is an essential preliminary to the recognition and enforcement of arbitration awards that the arbitration agreements capable of resulting in such awards being made should themselves first be *recognized* and *enforced*".[171]

If we had to summarize in one short paragraph the content of Article 2 of the New York Convention, we would not hesitate to cite the magnificent explanation of the spirit of Article 2 of the Convention, given in the *Rena K* case.

---

167 *Supra* notes 25 and 41.

168 Becker, 585 F.2d 40. See Judgement of March 22, 1976. Tribunale di Milano, Italy (1977), 2 Y.B. Comm. Arb. (International Council for Commercial Arbitration).

169 The *Rena K* case (1978), see *supra* note 13, 1 Lloyd's Law Reports, pp. 545-563 (1979) 4 Y.B. Comm. Arb. (international Council for Commercial Arbitration).

170 Article 2, paragraph 3 of the New York Convention.

171 The *Rena K* case, *supra* notes 13 and 169.

The court in the instant case held that the context in which the expression "incapable of being performed"[172] is used is the context of the recognition of arbitration agreements themselves without any reference to the context of recognition of awards. The court added that:

> it appears ... that the words "incapable of being performed" should be construed as referring only to the question whether an arbitration agreement is capable of being performed up to the stage when it results in an award; and should not be construed as extending to the question whether, once an award has been made, the party against whom it is made will be capable of satisfying it.[173]

Therefore, the court considered that the arbitration agreement was capable of being performed. In this case, the court sought to avoid frustrating the ends of the New York Convention by preserving the viability of the arbitration agreement as a means of enforcing future arbitral awards. Arbitration agreements indeed represent said essential means. If they are truncated, so are the goals of the Convention. It is very important to bear in mind that the agreement and the award are two "closely inter-related aspects of the arbitration process".[174] The understanding of this idea is crucial in the development of international commercial arbitration.[175]

---

[172] Article 2, paragraph 3 of the New York Convention.

[173] The *Rena K* case, *supra* notes 13 and 169. For a study of the "pro-enforcement bias", the mandatory status of the Convention see Mertcan Ipek, "Interpretation of Article II(3) of the New York Convention", *supra* note 56.

[174] Pisar, *supra* note 57 at 220.

[175] For other cases involving the issue of whether the arbitration agreement is "null and void, inoperative or incapable of being performed" see Comment, 47 Washington Law Rev. 441, 466-79. See also *Koch Shipping Inc.* v. *Associated Bulk Carriers*, Court of Appeals, July 20, 21 of 1977 (1978) 1 Lloyd's Law Reports 24 (1979) 4 Y.B. Comm. Arb. (International Council for Commercial Arbitration); see also: Lindo (Nicaragua) v. NCL (Bahamas), Ltd, (Bahamas), Court of Appeals, Eleventh Circuit, United States of America, August 29, 2011, 10-10367; Gas Authority of India, Ltd. v. SPIE-CAPAG, SA, High Court of Delhi, India, October 15,1993, Suit No. 1440, IA, No. 5206; Automatic Systems Inc. v. Brackpell Corporation, Court of Appeals of Ontario, Canada, February17, 1994. For more precedents on this matter, see: UNCITRAL Secretariat Guide on the Convention on the Recognition and Enforcement of Foreign Arbitral Awards, *supra* note 71, https://uncitral.un.org/sites/uncitral.un.org/files/media-documents/uncitral/en/2016_guide_on_the_convention.pdf

Chapter III
The Effects of Arbitration Under Article 2 of the New York Convention

As we mentioned before, Article 2, paragraph 1 of the New York Convention contains the general obligation of the contracting states to recognize the validity of arbitration agreements. On the other hand, Article 2, paragraph 3 of the same Convention spells out the content of paragraph 1, clarifying the effects of said recognition.

The main effect of the recognition of a valid arbitration agreement is precisely the obligation of courts of the contracting states *to refer* the parties to arbitration. As we will see later, there is no discretionary power as to this referral. Once courts find, where applicable and in last instance, that an arbitration agreement is not an invalid one, they have to fulfill such obligation.

There are many cases supporting the mandatory nature of the referral contained in Article 2, paragraph 3 of the New York Convention.[176] In the *"Koch"*[177] case, Bulk (an English company) leased some vessels to Koch (a U.S. company). The corresponding contract contained an arbitration clause which provided for arbitration in London.

---

176 See e,g, Nova Knit Ltd. v. Kaningarn Spinerei GmbH. All English Law Reports, part 2, page 465 ff. 1977, See also the *Koch* case, *supra* note 175, and Siderius Inc. v. Co. de Acero del Pacífico S.A. 453 F. Supp. 22 (1979). See also: Grecon Dimter Inc. v. J.R. Normand Inc. and Scierie Thomas-Louis Tremblay Inc., Supreme Court, Canada, 22 July 2005, 30217; Renusagar Power Co. Ltd. v. General Electric Company and anor, Supreme Court, India, August 16, 1984; Shin-Etsu Chemical Co. Ltd. v. Aksh Optifibre Ltd. and anor, Supreme Court, India, August 12, 2005; Ishwar D. Jain v. Henri Courier de Mere, Court of Appeals, Seventh Circuit, United States of America, April 3[rd,] 1995, 94-3314; Aasma et al. v. American Steamship Owners Mutual Protection and Indemnity Association Inc. (USA), Court of Appeals, Sixth Circuit, United States of America, August 29, 1996, 94-3881, 94-3883; InterGen N.V. (Netherlands) v. Grina (Switzerland), Court of Appeals, First Circuit, United States of America, September 22, 2003 (UNCITRAL Secretariat Guide on the Convention on the Recognition and Enforcement of Foreign Arbitral Awards, *supra* note 71, at 58).

177 *Supra* note 175.

Koch breached the contract. Bulk brought an action before an English court. Koch, on the other hand, moved for a stay of the judicial proceedings on the ground that a valid arbitration agreement existed.

The lower court granted the motion and the Court of Appeals affirmed. The court held that the agreement to arbitrate was a valid one falling under the New York Convention, and therefore, that the granting of said stay was compulsory. The court said that unlike the Arbitration Act of 1950 applicable to domestic arbitration agreements, under which courts had a discretion whether to grant a stay or not, the Arbitration Act of 1975,[178] implementing the New York Convention, imposes the obligation on said courts to grant such stay. Said Act of 1975 was replaced by the current one of 1996 which imposes the same obligation on English courts.[179]

In the *Siderius* case,[180] it was held that Article 2, paragraph 3, compels courts to refer the parties to arbitration. The court indicated that there is nothing which appears discretionary in the wording of said provision.

It is very interesting to notice that although in both cases (*Koch* and *Siderius*), the corresponding courts indicated that the content of Article 2, paragraph 3 of the Convention was mandatory, nonetheless in the English case a stay was granted, and on the other hand, in the U.S. case, an order compelling to arbitration was granted. This leads us to the issue of whether a stay of the proceedings or an order compelling to arbitration must be granted by courts when dealing with valid arbitration agreements falling under Article 2 of the Convention. Both manners are consistent with the Convention.[181]

For Quigley,[182] the idea of recognition of arbitration agreements covered by the Convention does not mean that the contracting states have to grant a specific performance of said agreements by *compelling* the parties to

---

178 Arbitration Act, 1975, c. 3&1, *See* Y.B. 111 (1978) Comm. Arb. U.K, n°1 at fn where section 1, paragraph 1 is cited in full.

179 See https://www.legislation.gov.uk/ukpga/1996/23/section/9.

180 Siderius v. Co. De Acero, 453 F. Supp. 22.

181 As commented in the Guide mentioned in *supra* note 71. In a case where one of the parties to the agreement invokes the court's aid to compel the other one to arbitration, said issue is not at stake. The problem emerges when one party brings a legal action despite the existence of an arbitration clause, and the other party invokes the clause as a defense.

182 Quigley, *supra* note 12 at 1063 and 1064.

arbitration. The same opinion is shared by Aksen.[183] For them, the obligation of courts to refer parties to arbitration (Article 2, paragraph 3) can be technically satisfied by granting a stay of the corresponding proceedings.

We interpret the expression "shall refer the parties to arbitration" contained in Article 2, paragraph 3, as meaning to order or to compel, although, as mentioned above, the other manner of complying with the Convention in this matter is also valid. The sense of ordering conveys to the idea of a specific performance of the agreement. Thus, in our opinion, the obligation set forth in Article 2, paragraph 3 of the Convention is not a passive one but rather an active one in the sense that an order compelling to arbitration is required, as it is interpreted by Mertcan Ipek.[184]

A concomitant problem arises from the broad wording of Article 2, paragraph 3 of the New York Convention concerning the jurisdiction of the courts. The issue is as to whether the jurisdiction of courts of the contracting states is retained or not when either is granting a stay or compelling parties to arbitration in accordance to said article.[185]

In *Siderius*[186] the defendant, Compañía de Acero (A Chilean Co.), sold to Siderius some steel. After the arrival of said material to the United States, Siderius (the purchaser) objected to the quality of the steel.

In order to solve the dispute both parties entered into an arbitration agreement which provided for arbitration in Chile. The law governing the agreement was the law of the place of arbitration. According to said arbitra-

---

183 Aksen, *supra* note 57 at 350. See cases granting a stay: Hi-Fert Pty Ltd. v. Kuikiang Maritime Carriers Inc., Federal Court, Australia, May 26, 1998, NG 1100 & 1101 of 1997; Westco Airconditioning Ltd. v. Sui Chong Construction and Engineering Ltd, Court of First Instance, High Court of the Hong Kong Special Administrative Region, Hong Kong, February 3rd 1998, No. A12848.

184 See Mertcan Ipek, *supra* note 56, at 689. See also Pisar, *supra* note 57 at 220. See also cases: Société Sysmode S.A.R.L. et Société Sysmode France v. Société Metra HOS et Société SEMA, Court of Appeal of Paris, December 8, 1988; Les Trefileries & Ateliers de Commercy v. Société Philipp Brothers France et Société Derby & Co. Limited, Court of Appeal of Nancy, December 5, 1980; Fondation M v. Banque X, Federal Tribunal, Switzerland, April 29, 1996.

185 It seems clear that in a case where a stay is granted the jurisdiction of the court is retained. The corresponding proceedings are frozen until the arbitration is concluded. On the other hand, in cases of an order compelling the respective plaintiff to arbitration, the solution as to jurisdiction is not clear. See Comment International Comm. Arb. 47 Washington Law Rev. 441, 463.

186 Siderius v. Co. de Acero, 453 F. Supp. 22.

tion agreement, Siderius submitted the dispute to the arbitrators in Chile. However, after such submission, Siderius brought an action in the United States before the District Court of New York.

The Chilean company moved for *an order* from the court compelling Siderius to proceed with the arbitration which had already started in Chile.

The court granted Compañía de Acero's motion on the following grounds:

1) The arbitration agreement was one falling under the New York Convention (Article 2).
2) Article 2, paragraph 3, of the Convention requires the court to refer the parties to arbitration.[187]
3) There is a difference between *referral,* which is required by Article 2, paragraph 3 of the Convention, and *stay,* which is required by Section 3 of the U.S. Arbitration Act (applicable to domestic arbitrations).[188]

It was stated in this case that once a court has referred the parties to arbitration, then neither Article 2, paragraph 3 of the Convention nor section 206 of the U.S. Arbitration Act,[189] which implements said convention, provides for further jurisdictional activity. In the case of a stay the court's jurisdiction is pending upon the conclusion of the arbitration process.[190]

In *Carolina Power & Light Company* v. *G.I.E. URANEX*[191] the court suggested that the concept of referral does not, however, necessarily imply that the jurisdiction of the court ceases to exist.

The repealed Swedish Act of 1929 concerning foreign arbitration agreements or awards[192] provided in section 3 that:

---

187 The court held that there was nothing discretionary in the referral contained in Article 2, paragraph 3.

188 9 U.S.C.A. § 3 (1970).

189 9 U.S.C.A. § 206 (Supp. 1971).

190 One might argue that in practice a stay is probably as effective as an order compelling to arbitration. But in theory, they are technically different concepts.

191 451 F. Supp. 1044, 1050 (N.D. Cal. 1977).

192 *Lago m Utlandska Skiljeautal och Skilljedomar,* 1929 n° 147 (as amended with effect from July 1, 1976). See on current Swedish Arbitration Act of 1999, as amended in 2019: https://www.acerislaw.com/international-arbitration-in-sweden/#:~:text=The%20Swedish%20Arbitration%20Act%20applies,initiated%20after%201%20March%202019.&text=The%20Swedish%20Arbitration%20Act%20contains,which%2.

> Swedish courts shall not, where objection is made, have jurisdiction to try any dispute which is subject to a foreign arbitration agreement, if the agreement is valid...[193]

A plausible interpretation of the wording of said Act is that courts do not retain their jurisdiction when compelling parties to arbitration.

The U.S. Arbitration Act[194] in section 206 provides that:

> a court having jurisdiction under this chapter *may* direct that arbitration be held in accordance with the agreement at any place therein provided for, whether the place is within or without the United States.

This section clearly requires U.S. Federal Courts to compel parties to arbitration. In contrast to that provision, section 3 of the same Act,[195] which is applicable to domestic arbitration agreements, provides that courts "shall on application of one of the parties *stay* the trial of the action", in a case of a valid arbitration clause.

On the other hand, section 4 of said U.S. Act[196] which also applies to domestic arbitration agreements, provides that a motion to compel arbitration must be granted by courts in certain cases. It seems that section 4 of the U.S. Arbitration Act is the counterpart (in the domestic field of arbitration) of section 206 of the same act which, as it was indicated above, is applicable to agreements that fall under the scope of the New York Convention.

It is important to notice that the language used in section 206 ("a court having jurisdiction ... *may* direct that arbitration be held ..."), can lead us to the conclusion that said section is not a mandatory rule but rather a discretionary one. In our opinion, this is not a correct interpretation of section 206 of the U.S. Arbitration Act.

These issues have to do with the validity of arbitration agreements, a topic that was analyzed in the previous chapter.

In the *Siderius* case[197] the court disregarded such an interpretation by ruling that a motion to compel arbitration is a mandatory one. It has been

---

193 *Id.* (Section 3).

194 9 U.S.C.A. § 206 (Supp. 1971).

195 9 U.S.C.A. § 3 (1970).

196 9 U.S.C.A. § 4 (1970).

197 453 F. Supp. 22.

said that "the permissive language in section 206 may mean no more than that the court need not compel foreign arbitration unless and until it has considered the issues mentioned in Article 2 of the Convention ..."[198]

Therefore, according with the holdings in *Siderius* and in the more recent cases before cited, and with the mandatory language of Article 2, paragraph 3, of the New York Convention, section 206 must be interpreted as a non-discretionary provision, otherwise the spirit of the Convention specifically that of Article 2, would be defeated.

To recapitulate, Article 2 of the Convention requires that courts of the contracting states compel parties to arbitration when said courts are dealing with a valid agreement. This is precisely the main effect of the existence of arbitration agreements in the context of the New York Convention.[199]

Another issue closely related to the effects of arbitration agreements under the provisions of the Convention is the problem of interim measures, primordially the process of attachment. The New York Convention does not explicitly refer to provisional and conservatory measures.[200] It is clear that if the arbitration agreement refers to such measures, courts may exercise their jurisdiction in support of the agreements. But what happens if there is no reference towards provisions of said nature? Is attachment available in a case covered by Article 2 of the New York Convention?

Neither Article 2 of the Convention nor the implementing legislation of the United States for example, provide for a rule that bears directly[201] on the availability of attachment to secure assets in cases pending arbitration.

The fact that courts have to refer parties to arbitration should not prevent courts from granting parties to the arbitration agreement some spe-

---

198 Comment, "International Comm. Arb". 47 Washington Law Review 441, 475 (1972).

199 Article 2, paragraph 3 leaves the door open to the contracting states' own policies as to the effects of the referral on the jurisdiction of the courts.

200 See Hi-Fert Pty Ltd. v. Kuikiang Maritime Carriers Inc., Federal Court, Australia, May 26,1998, NG 1100 & 1101 of 1997; Société Fieldworks-INC v. Société Erim, S.A. Logic Instrument et Société ADD-on Computer Distribution (A.C.D.), Court of Appeal of Versailles, France, July 4, 1996, 3603/96, 3703/96, 3998/96; Toyota Services Afrique (TSA) v. Société Promotion de Représentation Automobiles (PREMOTO), Supreme Court, Côte d'Ivoire, OHADA, December 4, 1997, Arrêt n°317/97 (UNCITRAL Secretariat Guide on the Convention on the Recognition and Enforcement of Foreign Arbitral Awards, *supra* note 71, at 61).

201 See von Mehren, *supra* note 122.

cific legal protection such as the possibility of attachment. The order of provisional measures should not be a breach cause for the New York Convention, as the merits of the dispute are not affected.[202]

In *McCreary Tire Rubber Co.* v. *CEAT S.P.A.*[203] the court held that the possibility of attachment was incompatible with the provisions of the New York Convention, since Article 2, paragraph 3, of said Convention provides that courts of the contracting states shall "refer the parties to arbitration", rather than "stay the trial of the action" as used in section 3 of the U.S. Arbitration Act.[204]

A plausible interpretation of the rationale underlying the *McCreary* case[205] is that attachment is available only when courts *retain jurisdiction* in cases pending arbitration.

In *Coastal States Trading Inc.* v. *Zenith Navigation S.A.*[206], a case which also involved the issue as to whether attachment was available, the plaintiff brought an action in a U.S. Federal District Court against the defendant to recover the value of a cargo of oil pursuant to a voyage charter.

The charter contained an arbitration clause. Accordingly, the defendant moved for a stay of the legal action. On cross motion the plaintiff sought an order for attachment of certain defendant's assets.

The court granted both motions: the stay of the proceedings and the order for attachment.

Although the defendant was a foreign corporation, the court nevertheless considered that for the purposes of the U.S. Arbitration Act said corporation was a U.S. company. Therefore, the arbitration clause was governed by section 3 of the U.S. Arbitration Act[207] which is applicable to domestic arbitration agreements.

---

202 The UNCITRAL Model Law establishes that "it is not incompatible with an arbitration agreement for a party to request, before or during arbitral proceedings, from a court an interim measure of protection and for a court to grant such a measure" (Art. 9). See *supra* note 43 at 5, and Matthew Solum, "Injuctions in Arbitration", New York Law Journal, August 20, 2021.

203 501 F.2d, 1032 (3rd Cir. 1974).

204 9 U.S.C.A. § 3 (1970).

205 501 F.2d 1032.

206 446 F. Supp. 330 (1977).

207 9 U.S.C.A. § 3 (1970).

The defendant (a foreign company) opposed the motion for attachment relying on two prior decisions of the same court: the *P.N. Pertamina*[208] and the *Mcreary* cases,[209] both involving foreign arbitration agreements.

In both cases the court held that attachment was incompatible with the terms of Article 2 of the New York Convention.

The court rejected the defendant's arguments on the following grounds:

> In both the *Pertamina* and *McCreary* cases, the relationships among the parties were governed by the Convention on the Recognition and Enforcement of Foreign Arbitral Awards, 9 U.S.C. Sects. 201 et seq.; in the *Pertamina* case, none of the parties were United States citizens, and in the *McCreary* case, the defendant CEAT was an Italian corporation. The instant case, however, appears to fall within the exception of the Convention's applicability provided in 9 U.S.C. Sect. 202, in that this action arises out of a contract, i.e., bill of lading, "entirely between citizens of the United States". Coastal is clearly an American corporation, and, while Zenith is a Panamanian corporation, it appears from the evidence in the case thus far adduced that it has its principal place of business in New York City, thereby making it a "citizen of the United States" for purposes of that Section, and removing the contract from the terms of the Convention. The significance of this distinction stems from the Third Circuit's interpretation of the Convention as absolutely precluding the application of State provisional remedies in a dispute to which an arbitration clause was applicable. 501 F.2d at 1038. Both the Third Circuit and this court in the *Pertamina* case noted that the Convention made no provision for pre-arbitration attachment.[210]

The court concluded by ruling that unlike *Pertamina* and *McCreary* cases, the instant one involved a plaintiff which was not bound by the strictures of the New York Convention and therefore attachment was available.

We disagree with the reasoning of the court in this case. To say that for the purposes of the U.S. Arbitration Act a foreign corporation is considered a citizen of the United States, and on the other hand, that for the purposes of the New York Convention, the same corporation is a foreign one, is to subvert the principle of contradiction.

The argument of the court in our opinion represents indeed an arbitrary adjustment needed to preserve intact the line of reasoning drawn in

---

208 Metropolitan World Tanker Corp. v. P.N. Pertambangan Munjakdangas Burni Nasional, 427 F.Supp. 2 (S.D.N.Y. 1975).

209 501 F.2d. 1032.

210 446 F. Supp. 330.

the *Pertamina*[211] and *McCreary*[212] cases. Instead of holding in that way the court should have developed another kind of argument to justify the availability of attachment in cases such as *Coastal*.[213] One argument which could have been developed is that the retention of jurisdiction to adjudicate in cases pending arbitration is not necessary for a court to grant an order for attachment.

In *Shaffer* v. *Heihner*,[214] the Supreme Court of the United States acknowledged that here is a distinction between jurisdiction to adjudicate the underlying merits of a controversy and "jurisdiction" to attach property. It follows from this holding that courts, in cases which fall under the New York Convention, may grant orders for attachment despite the fact that said courts may be temporarily[215] or permanently[216] precluded from deciding upon the merits of the dispute.

The reasoning of the cited *McCreary* case was rejected in *Carolina Power & Light Co.* v. *O.I.E. URANEX*.[217] In this case, the court indicated that the arguments used in *McCreary* were not very convincing. The court in *Carolina*[218] said that the concept of referral contained in Article 2, paragraph 3, of the New York Convention does not mean that the jurisdiction of the court is definitely vanished.[219] It further held that "the use of the word 'refer' … might reflect little more than the fact that the Convention must be applied in many different legal systems, and possibly in circumstances where the use of the technical term 'stay' would not be a meaningful directive".[220]

In the above cited *Carolina case*[221] like in the *Coastal*[222] case, the court justified the granting of an order for attachment by asserting that courts also retain jurisdiction when ordering parties to arbitration. Thus, according to

---

211 427 F. Supp. 2.

212 501 F. 2d. 1032.

213 446 F. Supp. 330.

214 433 U.S. 186, 209.

215 For example, in cases where a stay is granted.

216 *Siderius* cited case is an example of this situation.

217 451 Fed. Supp. 1044.

218 *Ibid.*

219 *Id.* at 1050.

220 *Id.* at 1052.

221 451 Fed. Supp. 1044.

222 446 F. Supp. 330.

this rationale courts retain jurisdiction either when granting a stay or when granting an order compelling arbitration.[223] The same criticism directed at the *Coastal* case can be applied to *Carolina.*[224]

Although we disagree with the arguments of the court in *Carolina* concerning jurisdiction, nonetheless it is important to mention that this case represents an improvement in the interpretation of the provisions of the New York Convention. In this respect, the court held that there is nothing in the Convention inconsistent with such a remedy. It further held that availability of provisional remedies encourages rather than obstructs the use of arbitration.[225]

In *Paramount Carriers Corp.* v. *Cook Industries,*[226] (a case involving a foreign arbitration agreement) the court held that attachment is available even when the arbitration process has already been started and the plaintiff brings the legal action with the sole purpose of obtaining the benefit of the remedy. This case proves that even in cases where there is no retention of jurisdiction, the possibility of attachment is available.

In *Blumenthal* v. *Merryll Lynch, Pierce, Fenner & Smith,* a U.S. court determined that "arbitration can become a hollow formality if parties are able to alter irreversibly the *status quo* before the arbitrators are able to render a decision in the dispute".[227]

In *Gen. Mills* v. *Champion Petfoods USA,* a similar consideration was offered, in the sense that "were the Court to decline enjoining pending arbitration ... much of the damage plaintiff seeks to prevent will occur in the time it takes for the arbitrator to be appointed, consider the issues, and deliver a final ruling".[228]

Another example may be found in *Vital Pharmaceuticals d/b/a VPX Sports* v. *PepsiCo,* in which an emergency arbitrator issued an interim order which preserved PepsiCo's rights pending the resolution of the dispute, ordering its counterpart to cease certain conducts which threatened Pepsi.[229]

---

223 451 Fed. Supp. 1044-1052.

224 See page 56 and following pages of this book.

225 The court in holding that, relied upon Boys Market Inc. v. Retail Clerks Union, 398 U.S. 235.

226 465 F. Supp. 599.

227 910 F.2d 1049, 1053 (2d Cir. 1990).

228 No. 20-CV-181 (KMK), 2020 WL 915824, at *3 (S.D.N.Y. Feb 26, 2020).

229 528 F. Supp. 3D 1304. See also *Pac Reinsurance Mgmt.* v. *Ohio Reinsurance,* 935 F.2d 1019, 1023 (9th Cir.1991), with the determination of the court in the sense that "we hold that temporary equitable orders calculated to preserve assets or performance are needed".

In this context, it is important to bear in mind that arbitral tribunals lack the authority to ensure the enforcement of interim measures, such as attachment, when a party refuses to comply voluntarily, or threatens the rights or assets belonging to the other party. Nevertheless, parties may obtain provisions of this nature with the assistance of courts in charge of the supervision and validity of the international arbitration proceedings.

Finally, we would like to discuss the issue of whether courts have to refer parties to arbitration in cases in which the agreements provide for arbitration in countries which have not adhered to the New York Convention.

> Article 1, paragraph 3, of the Convention provides that:
> When signing, ratifying or acceding to this Convention, or notifying extension under article X hereof, any State may on the basis of reciprocity declare that it will apply the Convention to the recognition and enforcement of awards made only in the territory of another Contracting State. It may also declare that it will apply the Convention only to differences arising out of legal relationships, whether contractual or not, which are considered as commercial under the national law of the State making such declaration.[230]

Is this reservation applicable to arbitration agreements covered by Article 2 of the Convention? Some authors such as Gaja,[231] think that the territorial reservation contained in Article 1, paragraph 3, of the Convention is applicable to the recognition of arbitral awards *as well* as to the recognition of arbitration agreements.

Another commentator of the New York Convention[232] argues that "It would be an absurd result ... for the Convention and statute to authorize the court to compel arbitration in a non-signatory nation but to deny the use of their machinery for enforcement of the award which follows".[233] He further claims that a harmonious interpretation of the context of the Convention leads to the conclusion that the expression "recognition and enforcement of awards" contained in article 1, paragraph 3, should be considered as covering the issue of arbitration agreements as well.[234]

---

230 Article 1, paragraph 3 of the New York Convention. The "commercial" reservation contained in the second sentence of the paragraph does not present any problem since courts may declare that a dispute is not capable of settlement by arbitration because it is not a commercial dispute under the law of the state making the reservation.

231 Giorgio Gaja, "International Commercial Arbitration, New York Convention". Dobbs, Ferry, N.Y., on 1a 4.

232 Comment, "International Comm. Arb". 47 Washington Law Review 441, 457 (1972).

233 *Ibid.*

234 *Ibid.*

This contention that Article 1, paragraph 3, of the Convention applies also to arbitration agreements covered by Article 2 is supported by the argument that Article 2 of the Convention is an essential part of it, and that the enforcement of arbitration agreements is an indispensable step in the process "leading to the recognition of the award which ultimately results".[235]

In the *Fuller* case,[236] however, the court indicated that the territorial reservation "clearly applies only to the recognition and enforcement of *arbitral awards*. It has no relevance to the problem pending before this court —whether to order arbitration under the terms of the Convention".[237]

We agree with the interpretation of the court in *Fuller*[238] concerning the scope of the territorial reservation contained in Article 1, paragraph 3, of the Convention. The arguments upon which we rest our opinion are these:

1) An arbitration agreement, that falls under the scope of Article 2 of the Convention and which provides for arbitration in a territory of a non-signatory state, may indeed lead to an award enforceable in the territory of a contracting state other than the state where enforcement of the agreement is sought and which has not made any reservation.

   If the state where recognition of the arbitration agreement is sought does not enforce it on the ground of the territorial reservation, then the possibility of having an award enforced in a third country is truncated.

   The mere possibility of enforcement of an award, resulting from the recognition of an arbitration agreement, in a state other than that where enforcement of said agreement is sought, should make the territorial reservation inapplicable to cases covered by Article 2 of the New York Convention.

2) Precisely because Article 2 of the Convention is an essential part of said Convention, one should promote the enforcement of arbitration agreements which may lead to the recognition of an award under the terms of the Convention, rather than advocate the applicability of the territorial reservation to the recognition of arbitration agreements.

---

235 *Ibid.*

236 421 f. Supp. 938, 941.

237 *Ibid.*

238 *Ibid.*

In proposing that the territorial reservation be made applicable to arbitration agreements on the basis that they play an essential role in the arbitration process, the above-mentioned commentator[239] of the Convention argues to an absurdity. This is so because the consequence of his contention is that arbitration agreements will not be enforceable and therefore, the essential purpose of Article 2 is indeed frustrated.

Our second argument of course has to be considered in conjunction with the first one which states the justification of the recognition of agreements that provide for arbitration in a country which is not adhered to the New York Convention. The discussion of the territorial reservation marks the end of this book. The writing of it has given us the opportunity to expand the limits of our legal understanding and to understand our own limits.

---

239 *Supra* note 232. For additional information on the matters of this book, see: Nigel Blackaby et al, Redfern and Hunter on International Arbitration (Oxford: Oxford University Press, 2009). Gary Born, International Commercial Arbitration, (The Hague: Kluwer Law International, 2014). Gaillard & John Savage, eds, Fouchard Gaillard Goldman on International Commercial Arbitration (The Hague: Kluwer Law International, 1999). Eduardo J. De la Peña Bernal y Francisco Rivero, "Enfoque en la Evolución del Sistema de Arbitraje de México", GARE, 2023, https://globalarbitrationreview.com/guide/the-guide-arbitration-in-latin-america/second-edition/article/spotlight-mexicos-evolving-arbitration-system. Emmanuel Gaillard & John Savage, eds, Fouchard Gaillard Goldman on International Commercial Arbitration (The Hague: Kluwer Law International, 1999). Emmanuel Gaillard & Yas Banifatemi, "Negative Effects of Competence-Competence: The Rule of Priority in Favour of the Arbitrators" in Emmanuel Gaillard & Domenico di Pietro, eds, Enforcement of Arbitration Agreements and International Arbitral Awards (London, UK: Cameron May, 2008) 257. Emmanuel Gaillard, Legal Theory of International Arbitration (London, UK: Martinus Nijhoff, 2010). Toby Landau, "The Requirement of a Written Form for an Arbitration Agreement: When 'Written' Means 'Oral'", in International Commercial Arbitration: Important Contemporary Questions (ICCA Congress Series No 11) (The Hague: Kluwer Law International, 2003) 19. Julian D.M. Lew et al, Comparative International Commercial Arbitration (The Hague: Kluwer Law International, 2003). Jean-Francois Poudret & Sébastien Besson, Comparative Law of International Arbitration (London, UK: Sweet and Maxwell, 2007). Alan Redfern & Martin Hunter, On International Commercial Arbitration (The Hague: Kluwer International Law, 2009). Dorothee Schramm, Elliot Geisinger & Philippe Pinsolle, "Article II" in Herbert Kronke et al, eds, Recognition and Enforcement of Foreign Arbitral Awards (The Hague: Kluwer Law International, 2010) 37. Marco Tulio Venegas, "The Mexican Courts and Arbitration: A New Partnership", https://digitalcommons.wcl.american.edu/cgi/viewcontent.cgi?referer=https://www.google.com/&httpsredir=1&article=1007&context=ab.

BIBLIOGRAFÍA SELECTA/SELECT BIBLIOGRAPHY

Aceris Law, “International Arbitration in Italy: 2022 Amendments”, Aceris Law, (2023), https://www.acerislaw.com/international-arbitration-in-italy-2022-amendments/.

Aceris Law, “International Arbitration in Sweden”, (2023), https://www.acerislaw.com/international-arbitration-in-sweden/#:~:text=The%20Swedish%20Arbitration%20Act%20applies,initiated%20after%201%20March%202019.&text=The%20Swedish%20Arbitration%20Act%20contains,which%2.

Acuity Law, “Arbitrability of disputes: A new face to the composite approach”, https://www.lexology.com/library/detail.aspx?g=83966d1b-5c69-416b-ac54-591f50f5ecf7.

Arguedas Salazar, Olman, “Arbitration”, Institute of Legal Research, National Autonomous University of Mexico, (“El arbitraje”, Instituto de Investigaciones Jurídicas, Universidad Nacional Autónoma de México), (2016).

Aksen, G., “Application of the N.Y. Convention by U.S. Courts” 1979 Y.B. Comm. Arb. 341.

Born, Gary B., “The New York Convention: a Self-Executing Treaty”, Michigan Journal of International Law, Vol. 40 (2018).

Contini, Paolo, “International Commercial Arbitration” 7 Am. J. Comp. L. 283, 1959.

Daouda, Cisse Amed, “The Validity of International Commercial Arbitration Agreements”, Global Journal of Politics and Law Research Vol. 4, No.5 pp. 10-50, September 2016, at p. 21., https://www.eajournals.org/wp-content/uploads/The-Validity-of-International-Commercial-Arbitration-Agreement-1.pdf

De la Peña Bernal, Eduardo J., and Rivero, Francisco, “Spotlight on Mexico’s Evolving Arbitration System”, (“Enfoque en la Evolución del Sistema de Arbitraje de México”), GARE, 2023, https://globalarbitrationreview.com/guide/the-guide-arbitration-in-latin-america/second-edition/article/spotlight-mexicos-evolving-arbitration-system.

Doi, Teruo, “International Commercial Arbitration in Japan” in Sanders, International Arbitration: Liber Amicorum for Martin Domke 65, 70 (1967).

Federal Court of Australia, “The role of tribunals with respect to commercial arbitration”, Federal Court of Australia, 2023, https://www.fedcourt.gov.au/digital-law-library/judges-speeches/justice-stewart/20230501.

Gaja, Giorgio, “International Commercial Arbitration, New York Convention”. Dobbs, Ferry, N.Y., on 1a 4.

Ganguly, Souvik, Nair, Renjith, and Vin, Karan, “Arbitrability of Disputes: a New Face to the Composite Approach”, Acuity Law, (2013), https://www.acuitylaw.co.in/publication-and-news/arbitrability-of-disputes-a-new-face-to-the-composite-approachh.

“Guide of Mexican Arbitration Law”, Zeiler, Floyd, Zadkovich, https://www.zeilerfloydzad.com/wp-content/uploads/2020/08/ZFZ-Mexican-Arbitration-Law-Guide.pdf

Haight, G.W., “Convention on the Recognition and Enforcement of Foreign Awards”, (1958).

Hanotiau, Bernard, “The Law Applicable to Arbitrability”, Singapore Academy of Law Journal, Vol. 26 (2014).

Ipek, Mertcan, “Interpretation of Article II(3) of the New York Convention”, Marmara Üniversitesi Hukuk Fakültesi Hukuk Araştırmaları Dergisi, Volume 23, Issue 3, 2017.

International Comm. Arb., Comment, “International Comm. Arb”. 47 Washington Law Review 441, 457 (1972).

Marchisio, Giacomo, “The Validity of the Arbitration Agreement in International Commercial Arbitration”, McGill University, 2014.

McLaughlin, J.T., “Arbitrability: Current Trends in the United States”, Alb. L. Rev., 1996.

McClelland, Arden C., 5 North Carolina J. of Int’l and Commercial Regulation, 170.

Mirabelli, Giuseppe, “Application of the New York Convention by the Italian courts”. 1979 Y.B. Comm. Arb. (International Council for Commercial Arbitration).

Morroe, Alexis, “Arbitrability of the Antitrust Law from the European and US perspectives”, “Arbitration, Review of Commercial Arbitration and Investments” (“*Arbitraje*, Revista de Arbitraje Comercial y de Inversiones”), Vol II, No. 1, 2009.

Pisar, Samuel, “The United Nations Convention on Foreign Arbitral Awards”. 1959, J. Bus. L. 219.

Poudret, Jean-Francois, & Besson, Sébastien, “Comparative Law of International Arbitration” (London, UK: Sweet and Maxwell, 2007).

Puri, Kamakshi, “Which Law Governs Subject Matter Arbitrability in International Commercial Disputes?”, Conflict of Laws.net, https://conflictoflaws.net/2023/which-law-governs-subject-matter-arbitrability-in-international-commercial-disputes/.

Quigley, Leonard V., “Accession by the United States to the United Nations Convention on the Recognition and Enforcement of Foreign Arbitral Awards”, 70 the Yale Law Journal (1961).

Ramani Garimella, Sai, “Territoriality Principle in International Commercial Arbitration – The Emerging Asian Practice”, 11thAnnual Conference of the Asian Law Institute (ASLI) at Kuala Lumpur, Malaysia, 29-30, 2014.

Sanders, Peter “A Twenty Years’ Review of the Convention on the Recognition and Enforcement of Foreign Arbitral Awards,” 13 Int. Lawyer 269, 1979.

Sanders, Peter “International Commercial Arbitration”. Arbitrage Comm. *Essais in Memoriam E. Minoli,* 467.

Sanders, Peter, “New York Convention on the Recognition and Enforcement of Foreign Arbitral Awards,” 6 Neth. Rev. Int’ L. 43.

Schramm, Dorothee, Geisinger, Elliot & Pinsolle, Philippe, “Article II” in Herbert Kronke et al, eds, Recognition and Enforcement of Foreign Arbitral Awards (The Hague: Kluwer Law International, 2010).

Solum, Matthew, “Injuctions in Arbitration”, New York Law Journal, August 20, 2021.

Smedresman, Peter S., “Conflicts of Laws in International Commercial Arbitration”: A Survey of Recent Developments. 7 Cal. West International Law Journal 263.

Stephenson, Harwood, “The law governing the validity of an arbitration agreement under English Law”, Stephenson Harwood (2022), https://www.shlegal.

com/news/the-law-governing-the-validity-of-an-arbitration-agreement-under-english-law#:~:text=English%20law%20approach,-In%20summary%2C%20the&text=The%20court%20referred%20to%20its,law%20of%20the%20underlying%20contract.

Treviño, Julio C., "The new Mexican legislation on international arbitration", ("La nueva legislación mexicana sobre arbitraje internacional"), Journal International Arbitration, vol. II, n. 4, Geneve, 1994.

UNCITRAL Model Law on International Commercial Arbitration, 1985 (with amendments as adopted in 2006), United Nations Commission on International Trade Law, United Nations, 2008.

UNCITRAL Secretariat Guide on the Convention on the Recognition and Enforcement of Foreign Arbitral Awards (New York, 1958), United Nations, 2016 Edition.

Van den Berg, Albert J., "The New York Convention: Its Intended Effects, Its Interpretation, Salient Problem Areas" in The New York Convention 1958 (ASA Special Series No 9) (Geneva: Swiss Arbitration Association, 1996) 44 [Van den Berg, "The New York Convention"].

Van den Berg, Toby Landau, "The Requirement of a Written Form for an Arbitration Agreement: When 'Written' Means 'Oral'", in International Commercial Arbitration: Important Contemporary Questions (ICCA Congress Series No 11) (The Hague: Kluwer Law International, 2003).

Vázquez del Mercado, Óscar, "A promising future for international commercial-corporate arbitration", Institute of Legal Research, National Autonomous University of Mexico, ("Un futuro promisorio para el arbitraje internacional comercial-corporativo", Instituto de Investigaciones Jurídicas, Universidad Nacional Autónoma de México), 2015.

Venegas, Marco Tulio, "The Mexican Courts and Arbitration: A new Partnership", International Commercial Arbitration Brief, Volume I, Issue 1, pg. 14-17.

Von Mehren, Arthur, International Commercial Arbitration Seminar, Fall 1980. Multilith materials of former Harvard professor Arthur von Mehren.

Wolff, Reinmar, "Article II" in Reinmar Wolff, ed, New York Convention: Commentary (Oxford: Hart, 2012).

World Peace Through Law. "International Comm. Arbitration must energetically support the development of supra-national law and thus, world peace through law". Survey. The Washing Conference, West Publishing Company (1967).

UNITED NATIONS CONVENTION ON THE RECOGNITION AND ENFORCEMENT OF FOREIGN ARBITRAL AWARDS (NEW YORK, 10 JUNE 1958)

Article I

1. This Convention shall apply to the recognition and enforcement of arbitral awards made in the territory of a State other than the State where the recognition and enforcement of such awards are sought, and arising out of differences between persons, whether physical or legal. It shall also apply to arbitral awards not considered as domestic awards in the State where their recognition and enforcement are sought.

2. The term "arbitral awards" shall include not only awards made by arbitrators appointed for each case but also those made by permanent arbitral bodies to which the parties have submitted.

3. When signing, ratifying or acceding to this Convention, or notifying extension under article X hereof, any State may on the basis of reciprocity declare that it will apply the Convention to the recognition and enforcement of awards made only in the territory of another Contracting State. It may also declare that it will apply the Convention only to differences arising out of legal relationships, whether contractual or not, which are considered as commercial under the national law of the State making such declaration.

Article II

1. Each Contracting State shall recognize an agreement in writing under which the parties undertake to submit to arbitration all or any differences which have arisen or which may arise between them in respect of a defined legal relationship, whether contractual or not, concerning a subject matter capable of settlement by arbitration.

2. The term "agreement in writing" shall include an arbitral clause in a contract or an arbitration agreement, signed by the parties or contained in an exchange of letters or telegrams.

3. The court of a Contracting State, when seized of an action in a matter in respect of which the parties have made an agreement within the meaning of this article, shall, at the request of one of the parties, refer the parties to arbitration, unless it finds that the said agreement is null and void, inoperative or incapable of being performed.

Article III

Each Contracting State shall recognize arbitral awards as binding and enforce them in accordance with the rules of procedure of the territory where the award is relied upon, under the conditions laid down in the following articles. There shall not be imposed substantially more onerous conditions or higher fees or charges on the recognition or enforcement of arbitral awards to which this Convention applies than are imposed on the recognition or enforcement of domestic arbitral awards.

Article IV

1. To obtain the recognition and enforcement mentioned in the preceding article, the party applying for recognition and enforcement shall, at the time of the application, supply:

(a) The duly authenticated original award or a duly certified copy thereof;

(b) The original agreement referred to in article II or a duly certified copy thereof.

2. If the said award or agreement is not made in an official language of the country in which the award is relied upon, the party applying for recognition and enforcement of the award shall produce a translation of these documents into such language. The translation shall be certified by an official or sworn translator or by a diplomatic or consular agent.

Article V

1. Recognition and enforcement of the award may be refused, at the request of the party against whom it is invoked, only if that party furnishes to the competent authority where the recognition and enforcement is sought, proof that:

(a) The parties to the agreement referred to in article II were, under the law applicable to them, under some incapacity, or the said agreement is not valid under the law to which the parties have subjected it or, failing any indication thereon, under the law of the country where the award was made; or

(b) The party against whom the award is invoked was not given proper notice of the appointment of the arbitrator or of the arbitration proceedings or was otherwise unable to present his case; or

(c) The award deals with a difference not contemplated by or not falling within the terms of the submission to arbitration, or it contains decisions on matters beyond the scope of the submission to arbitration, provided that, if the decisions on matters submitted to arbitration can be separated from those not so submitted, that part of the award which contains decisions on matters submitted to arbitration may be recognized and enforced; or

(d) The composition of the arbitral authority or the arbitral procedure was not in accordance with the agreement of the parties, or, failing such agreement, was not in accordance with the law of the country where the arbitration took place; or

(e) The award has not yet become binding on the parties, or has been set aside or suspended by a competent authority of the country in which, or under the law of which, that award was made.

2. Recognition and enforcement of an arbitral award may also be refused if the competent authority in the country where recognition and enforcement is sought finds that:

(a) The subject matter of the difference is not capable of settlement by arbitration under the law of that country; or

(b) The recognition or enforcement of the award would be contrary to the public policy of that country.

Article VI

If an application for the setting aside or suspension of the award has been made to a competent authority referred to in article V (1) (e), the authority before which the award is sought to be relied upon may, if it considers it proper, adjourn the decision on the enforcement of the award and may also, on the application of the party claiming enforcement of the award, order the other party to give suitable security.

Article VII

1. The provisions of the present Convention shall not affect the validity of multilateral or bilateral agreements concerning the recognition and enforcement of arbitral awards entered into by the Contracting States nor deprive any interested party of any right he may have to avail himself of an arbitral award in the manner and to the extent allowed by the law or the treaties of the country where such award is sought to be relied upon.

2. The Geneva Protocol on Arbitration Clauses of 1923 and the Geneva Convention on the Execution of Foreign Arbitral Awards of 1927 shall cease to have effect between Contracting States on their becoming bound and to the extent that they become bound, by this Convention.

Article VIII

1. This Convention shall be open until 31 December 1958 for signature on behalf of any Member of the United Nations and also on behalf of any other State which is or hereafter becomes a member of any specialized agency of the United Nations, or which is or hereafter becomes a party to the Statute of the International Court of Justice, or any other State to which an invitation has been addressed by the General Assembly of the United Nations.

2. This Convention shall be ratified and the instrument of ratification shall be deposited with the Secretary-General of the United Nations.

Article IX

1. This Convention shall be open for accession to all States referred to in article VIII.

2. Accession shall be effected by the deposit of an instrument of accession with the Secretary-General of the United Nations.

Article X

1. Any State may, at the time of signature, ratification or accession, declare that this Convention shall extend to all or any of the territories for the international relations of which it is responsible. Such a declaration shall take effect when the Convention enters into force for the State concerned.

2. At any time thereafter any such extension shall be made by notification addressed to the Secretary-General of the United Nations and shall take effect as from the ninetieth day after the day of receipt by the Secretary-General of the United Nations of this notification, or as from the date of entry into force of the Convention for the State concerned, whichever is the later.

3. With respect to those territories to which this Convention is not extended at the time of signature, ratification or accession, each State concerned shall consider the possibility of taking the necessary steps in order to extend the application of this Convention to such territories, subject, where necessary for constitutional reasons, to the consent of the Governments of such territories.

Article XI

In the case of a federal or non-unitary State, the following provisions shall apply:

(a) With respect to those articles of this Convention that come within the legislative jurisdiction of the federal authority, the obligations of the federal Government shall to this extent be the same as those of Contracting States which are not federal States;

(b) With respect to those articles of this Convention that come within the legislative jurisdiction of constituent states or provinces which are not, under the constitutional system of the federation, bound to take legislative action, the federal Government shall bring such articles with a favourable recommendation to the notice of the appropriate authorities of constituent states or provinces at the earliest possible moment;

(c) A federal State Party to this Convention shall, at the request of any other Contracting State transmitted through the Secretary-General of the United Nations, supply a statement of the law and practice of the federation and its constituent units in regard to any particular provision of this Convention, showing the extent to which effect has been given to that provision by legislative or other action.

Article XII

1. This Convention shall come into force on the ninetieth day following the date of deposit of the third instrument of ratification or accession.

2. For each State ratifying or acceding to this Convention after the deposit of the third instrument of ratification or accession, this Convention shall enter into force on the ninetieth day after deposit by such State of its instrument of ratification or accession.

Article XIII

1. Any Contracting State may denounce this Convention by a written notification to the Secretary-General of the United Nations. Denunciation shall take effect one year after the date of receipt of the notification by the Secretary-General.

2. Any State which has made a declaration or notification under article X may, at any time thereafter, by notification to the Secretary-General of the United Nations, declare that this Convention shall cease to extend to the territory concerned one year after the date of the receipt of the notification by the Secretary-General.

3. This Convention shall continue to be applicable to arbitral awards in respect of which recognition and enforcement proceedings have been instituted before the denunciation takes effect.

Article XIV

A Contracting State shall not be entitled to avail itself of the present Convention against other Contracting States except to the extent that it is itself bound to apply the Convention.

Article XV

The Secretary-General of the United Nations shall notify the States contemplated in article VIII of the following:

(a) Signatures and ratifications in accordance with article VIII;

(b) Accessions in accordance with article IX;

(c) Declarations and notifications under articles I, X and XI;

(d) The date upon which this Convention enters into force in accordance with article XII;

(e) Denunciations and notifications in accordance with article XIII.

Article XVI

1. This Convention, of which the Chinese, English, French, Russian and Spanish texts shall be equally authentic, shall be deposited in the archives of the United Nations.

2. The Secretary-General of the United Nations shall transmit a certified copy of this Convention to the States contemplated in article VIII.